CIVICTECH
シビックテック

稲継裕昭 編著

鈴木まなみ・福島健一郎・小俣博司・藤井靖史 著

ICTを使って
地域課題を
自分たちで解決する

勁草書房

はしがき

　北陸は 2018 年冬，記録的な豪雪に見舞われた。昭和 56 年（1981 年）の五六豪雪，昭和 38 年（1963 年）の三八豪雪に次ぐ記録となった地域も多かった。過去の豪雪時に比べ車社会が進展していたこともあり，国道で多くの車が立ち往生したし，道路の除雪作業の範囲も以前より広範囲に及ばざるをえず，作業の遅れも目立った。また，高齢化が進むに伴い雪おろしの担い手がいなかったり，高齢者による雪おろし時の事故が多発したりした。

　2018 年 3 月 3 日，金沢に 50 人の人々が集まって，大雪被害の軽減策を考えるイベントが開かれた。この日はインターナショナル・オープンデータ・デイ（本文 35 頁参照）で，全国各地でさまざまなイベントが開かれていたが，金沢も会場の一つだった。

　金沢のイベントでは，記録的な北陸豪雪を経験して間もなかったこともあり，雪対策がテーマとなっていた。50 人以上が参加していくつかのグループに分かれ，参加者が実生活の中で感じた雪対策の課題を紙に書きだして共有し，それをどう解決できるかを話し合った。雪捨て場の不足，除雪業者の高齢化，地域内の連携の不足，空き家が多い地域での雪おろし・除雪作業の困難性，雪かきのノウハウが伝承されていない，など数多くの課題が共有された。では，それはどうすれば解決できるのか。自助・共助・公助の範囲はどうか。市民は何ができるのか，何をすべきなのか。どういう工夫をすればこの課題を解決できるのか。参加者は次々にアイデアを出していく。AI を使って除雪ボランティア派遣の優先地域を決めるシステムを構築してはどうか，雪かきのノウハウを教えるホームページを開設してはどうか，大雪被害軽減に役立つアプリを開発してはどうか，などの案が出された。

　このイベントに参加して編者が強く感じたのは，参加者は，行政に何を要望するかというスタンスではなく，自らどうやって地域課題を解決できるかとい

はしがき

うスタンスで議論していた点である。

　本文中でも触れるように，シビックテックとは，「市民主体で自らの望む社会を創りあげるための活動とそのためのテクノロジーのこと」をいう。上記のイベントはその一つの場でもあった。

　編者は2013年から15年にかけて，サバティカル（研究休暇）でアメリカ・カリフォルニア州に滞在していたときに，シビックテックに出会った。滞在していたバークリー市の近隣には全米でも有数の犯罪多発地帯があった。その地帯を抱える市の人口は40万人程度だったが，殺人事件は年間100件以上，強盗事件は年間3000件以上発生していた。治安のいい風光明媚な場所もあれば，地元の人が足を踏み入れない地域もある。地元の事情通が一緒にいなければどの通りを歩いていいかがわからない。しかし，私にとって便利なアプリがいくつかあった。地図上にどのような犯罪がいつ起きたかをマッピングしてくれるアプリであり，この通りは大丈夫か危険かが視覚的に認識できる。データを提供しているのは，各市役所（市警）であるが，このようなアプリを開発したのは一般市民であり，民間である。人々は無料でこのアプリを利用できる。市の提供するデータは発生した犯罪一件ごとの内容，発生場所，日時だけを示した未加工データだが，これが地図上にマッシュアップされているところにみそがある。シビックテックの一つの成果物といえるだろう。現在ではほぼ全米各地が類似のアプリでカバーされている。警察力を強化してくれと要望するのではいつも予算制約で実現しない。であれば，市民の手で自らを守る方法をと考えついたのが上記のアプリである。

　このような事例を多数盛り込んだギャビン・ニューサム著『シチズンヴィル（市民の街）』がちょうどその頃現地で出版され，米国のシビックテックに多数触れることができた。帰国後すぐに翻訳にとりかかり，2016年秋に『未来政府――プラットフォーム民主主義』（稲継裕昭監訳，東洋経済新報社）という邦題で出版して日本に紹介した。

　この本に目にとめた日本のシビックテック関係者からのお誘いで，「CIVIC TECH FORUM 2017」（本文38頁）に登壇して本の紹介をさせていただく機会を得たのが2017年3月。その後，声をかけていただいた柴田重臣さん（Code for Ibaraki）と議論するうちに，日本のシビックテックを取り上げた本が必要

だとの強い認識を持つにいたった．執筆していただくメンバーは柴田さんのご紹介で次々に集まり，編集会議は，オンライン会議で何度も行われた．私にとってはこのような形で本を制作するのは初めての経験だったが，思いのほかスムーズに執筆が進み，各執筆者の得意分野の原稿が次々と脱稿していった．

本書巻末にある用語解説や，関連組織・ツールなどのウェブサイト一覧も，各執筆者で協力して作ったものである．本文に出てくる専門用語の意味を知りたい，または組織やツールなどの詳細を知りたいと思った読者は，こちらを参照されるとよいだろう．

これまでシビックテック関係の情報はネット上で出回ることが多く，単行本になっているものは企画時点では皆無だった．その出版をお引き受けいただいたのは，勁草書房編集部の上原正信さんである．これまでは学術書の翻訳（ドナルド・ケトル著『なぜ政府は動けないのか』，ヤン＝エリック・レーン著『テキストブック 政府経営論』）でお世話になったが，今回はかなり実践色の濃い本で，これまでとは趣が全く異なる．出版社にとっても冒険だったと思われる．上原さんは粘り強く社内を説得してくださり，また，出版決定後はタイミングの良い催促とサポートをしてくださった．心から御礼申し上げる．

本書を充実させるためには，自治体先進事例としてどうしても福井県・鯖江市を欠かすことができなかった．お忙しいのを承知の上で，牧野百男 鯖江市長にインタビューをお願いしたところご快諾いただいた．本書にはそのごく一部しか収録できなかったが，興味深いお話をたくさんお聞きすることができた．貴重なお時間を割いていただいた牧野市長（および同席いただいた鯖江市の牧田CIO，jig.jp の福野社長）に心より感謝申し上げる．また，企画当初からいろいろ相談に乗っていただいた柴田さんにもこの場を借りてお礼申し上げたい．

『未来政府』の中に，次のようなくだりがある．バークリー（UC バークリー，学生運動の盛んな大学および周辺地域）で「市民に力を」と声をあげて多くの学生がデモ行進を行っていた時期に，対岸のシリコンバレーでは，スティーブ・ジョブズらが技術開発など自分たちの仕事にいそしんでいた．それが現在はどうか．スマホやそこに入っている SNS がデモ行進よりもはるかに大きな力を持つようになっている．市民がテクノロジーの力で巨大な力を持つようになった．社会課題の解決もまた，市民がそれを受け止め，テクノロジーによっ

はしがき

て解決する時代がはじまっている。シビックテックはその意味で，民主主義を取り戻すきわめて有効な手段だ。

　本書が全国各地でシビックテック活動を主導しておられる方々，それらに参加されている方々やこれから参加しようとしている方々，そして，一市民として政府との関わりについていろいろ悩んでおられる方々に広く読まれることを切に願う。

2018 年 5 月

稲継 裕昭

● 目　　次 ●

はしがき　稲継裕昭

第1章　シビックテックって何？ ……………………………………1

1　シビックテックが子育てを変えた　鈴木まなみ　2
❶ シビックテックのリアル――子育てイベント情報共有アプリ（3）　❷ 複数自治体連携への道と，その意義（6）　❸ ニーズから生まれたサービス（7）　❹ 活動を伴走するシビックテックコミュニティの重要性（8）

2　シビックテックとは何か　福島健一郎　9
❶ テクノロジーが社会に与える影響（9）　❷ オープンな開発（12）　❸ 新しい市民社会の形（15）　❹ お金は大事なものだが，お金が最も大事なわけではない（16）

3　シビックテックの歴史　福島健一郎　18
❶ アメリカで誕生したシビックテック（18）　❷ 日本におけるシビックテックの萌芽（21）　❸ 日本全体に拡大し始めるシビックテック（24）

第2章　シビックテックをはじめよう　小俣博司 ………………29

1　概　　要　30

2　イベント形式 交流型　31
❶ シビック・ハック・ナイト（31）　❷ オンライン井戸端会議（33）

3　イベント形式 参加型　35
❶ インターナショナル・オープンデータ・デイ（35）　❷ CIVIC TECH FORUM（38）　❸ CODE for JAPAN SUMMIT（40）

Civic Tech　v

4 ワークショップ形式 42

❶ウィキペディアタウン（42）　❷オープンストリートマップ・マッピングパーティ（44）　❸ローカルウィキ（46）　❹CoderDojo（48）　❺アイデアソン（49）　❻ハッカソン（52）　❼まちあるき写真投稿マッピング（54）

5 コンテスト形式 56

❶アーバンデータチャレンジ（56）　❷チャレンジ‼オープンガバナンス（58）　❸LODチャレンジ（61）　❹マッシュアップアワード シビックテック部門賞（63）

6 シビックテックに役立つツール 65

❶グラフィックレコーディング（65）　❷セーフプレイス（67）　❸ワールドカフェ（67）

第3章　シビックテックの基盤となるオープンデータについて

福島健一郎 …………… 75

1 政府・自治体が取り組むオープンデータの意義 76
2 日本政府と自治体におけるオープンデータの取り組み 77
3 官民データ活用推進基本法の制定 81
4 オープンデータに関する疑問 83

第4章　シビックテックのエコシステム　藤井靖史 …………… 97

1 協働について 98
2 スマートシティ2.0 100
3 協働に至るプロセスについて──お味噌汁理論 101
4 プロジェクトリーダーと全体のリーダー 104
5 お金について 105
6 シビックテックのエコシステム 107

目　次

第5章　市民と行政の関係を変えていく　稲継裕昭 …………111
1　昔は自分たちで解決していた　112
2　政府は次第に遠くなっていった　113
3　遠くなった政府に近づこうとする歴史を振り返る　114
4　アーンスタインの議論　116
5　未 来 政 府　118
6　自動販売機モデルからの脱出　121
7　シビックテック――行政を市民の手に取り戻す手段　124

ビギナーのための用語解説　133
役立つウェブサイト案内　137
執筆者紹介　145

コラム一覧

1　参加している人たちが何を喜びにしているのか（福島健一郎）　27
2　デザインシンキングの手法（福島健一郎）　69
3　シビックテック・プロジェクト・プランニング・キャンバス
　　（小俣博司）　71
4　鯖江市のオープンデータの取り組み：鯖江市長インタビュー①
　　（稲継裕昭）　86
5　鯖江市のオープンデータはどこに向かうのか：鯖江市長インタビュー②
　　（稲継裕昭）　91
6　学術資料のオープン化（福島健一郎）　94
7　シビックテック活動をとおしての成長（藤井靖史）　109
8　RESAS を活用しよう（小俣博司）　126
9　鯖江市のオープンデータと，市民協働のまちづくり：
　　鯖江市長インタビュー③（稲継裕昭）　130

Civic Tech　vii

シビックテックって何？

鈴木まなみ
福島健一郎

Civic Tech

第 1 章　シビックテックって何？

　本章はまず，シビックテックにあまり馴染みのない方を対象として，シビックテックとは何なのかについて解説する。シビックテックとはシビック（市民）とテック（テクノロジー）をかけ合わせた造語で，市民主体で自らの望む社会を創りあげるための活動とそのためのテクノロジーのことをいう。第 1 節ではシビックテックの事例として，子育て支援の「のとノットアローン」をとりあげ，第 2 節以降でシビックテック一般について紹介する。

1　シビックテックが子育てを変えた　　　　　鈴木まなみ

　シビックテックについての歴史はまだ新しい。日本ではじめてのシビックテック団体である「Code for Kanazawa（以下 CfK）」の設立が 2013 年であり，2018 年の現在，そこからカウントしてもまだ 5 年だ。しかし，この 5 年でさまざまな活動が立ち上がった。シビックテックとは，一体なんだろうか？　シビックテックとは，一言で言うと「地域にあるさまざまな課題を IT を使ってみんなで解決しよう」という取り組みである。

　事例を三つほど紹介する。一つ目は石川県金沢市の事例だ。金沢市では「ゴミをいつ捨てればいいかわかりにくい」という地域課題があった。そんな課題を解決するべく「5374（ゴミナシ）.jp」というアプリが市民団体によって作られた。金沢には 4 種類のゴミの分別があり，それを捨てる日がひと目でわかるアプリである。

　二つ目は福岡県福岡市の事例だ。福岡市では，「市のホームページで公開している PM2.5 の情報が，高齢者に届けられていない」という地域課題があった。そんな課題を解決するべく「福岡市 PM2.5 ダイヤル」というサービスが作られ，福岡市の行政サービスとして公開された。このサービスは，ホームページで公開している情報を，電話の自動応答によって確認することができるというものである。これにより，ホームページを閲覧できない市民にも PM2.5 の情報を伝えることが可能になった。

　三つ目の事例は福島県会津若松市の事例だ。会津若松市では，「除雪車がいつ来るのかわからない」という地域課題があった。大きな予算があれば，除雪車の位置情報把握システムは作れるかもしれない。しかしそんな予算はない。

会津若松市の「除雪車位置情報把握システム」は，その地域のIT会社である「デザイニウム」が，いちからカスタマイズしたツールを作るのではなく，オープンなツールを利用することで低コストで実装した。予算をあまり持たない自治体の課題を，地元のIT企業が力を合わせて解決した。

　市民団体による活動もあれば，行政の活動もあり，民間企業の活動もある。先にも述べたが，シビックテックの歴史はまだ新しく，正確な定義はまだない。ここでは，リアルな事例を具体的に知っていただくことで，シビックテックとはどんなもので，どのような課題や苦労があり，また喜びがあるのかなどを理解していただいて，読者なりのシビックテックの輪郭をイメージしていただければと思う。その事例としては，現在も発展を続けている，子育て応援アプリ「のとノットアローン」を紹介したい。

❶ シビックテックのリアル──子育てイベント情報共有アプリ

　「のとノットアローン」は，石川県の奥能登地方（輪島市，珠洲市，能登町，穴水町）の子育て応援アプリで，市民が主体となり，行政の協力を得ながら作られたウェブアプリである。子育て中の母親たちが孤立している地域課題を解決したいという目的で作られたサービスで，具体的には，奥能登地方の子育てイベント情報，地図の情報，そして相談先案内が集約されている。

　イベント機能は，いつ・どこで・どんなイベントが行われているのか，時系列でわかりやすく表示され，絞り込み機能もついている。マップ機能は，近くのイベントを視覚的にわかりやすく表示されるのと同時に，その場所までのルート検索もできる。相談先案内は，たんに一覧化されているのではなく，運営のほうで厳選し，おすすめの情報のみを掲載している。

　このサービスが作られたきっかけは，CfK主催で2015年9月に行われた「ICTで地域課題を解決しよう」というテーマのアイデアソンである。その際に「子育て」という地域課題に集まったグループで考えたアイデアが，このサービスの骨子となった。アイデアソンとは，「アイデア」と「マラソン」を組み合わせた造語であり，さまざまな分野の人々が特定のテーマについてグループになってディスカッションし，1日などの短時間で新しいアイデアを生み出すためのイベントである。

第１章　シビックテックって何？

子育ての強い味方！「のとノットアローン」のトップページ
（イラスト提供：Code for Kanazawa プロジェクト NNA!）

左から「のとノットアローン」のイベント機能画面，マップ機能画面，相談先案内画面（http://noto.not-alone.jp/）

4　Civic Tech

1　シビックテックが子育てを変えた

表1　のとノットアローン機能表

イベント機能	奥能登地方で行われる子育てイベントをカレンダーと一覧形式で表示。輪島市，珠洲市，能登町，穴水町を色別でわかりやすく表示したり，絞り込みをする機能もある。イベント情報は，日時，対象者，参加費，場所，連絡先，主催者など。
マップ機能	公園やお店などの情報を地図上で表示。表示アイコンは，「屋内で遊べるところ」「屋外で遊べるところ」「飲食店」「道の駅」など選択可能。現在地からその場所までのルート検索機能もあり。
相談先案内	厳選された子育て支援場所のリスト

　そんなイベントで，奥能登で10年以上「みらい子育てネット」[1]の輪島市理事としてボランティア活動をしている山上幸美さん，元野々市市職員でありエンジニアでもある多田富喜男さん，能登にIターンしてきた主婦の坂井理笑さんという三人が出会った。普段では出会わないようなさまざまな分野の人が出会い，それぞれの悩みや得意なスキルを持ち合ってアイデアを出しあったからこそ生まれたサービスであり，この多様性は，シビックテックにおいてとても重要なファクターである。

アイデアソンの様子（写真提供：Code for Kanazawa）

---

1) 「まちの子はみんなわが子」を合い言葉に，子どもたちの健全育成を願って，地域ぐるみでボランティア活動する組織。ウェブサイトは http://www.hahaoya-club.ne.jp/

❷ 複数自治体連携への道と，その意義

「のとノットアローン」の特徴の一つは，輪島市，珠洲市，能登町，穴水町の2市2町と複数自治体が関わっていることである。このサービスがない頃は，市民はそれぞれの自治体へ足を運ばなければイベント情報を知ることができなかった。しかしいまでは，インターネットを介して奥能登全域のイベントが見られるようになり，スマホなどで自分の住んでいる地域のイベント情報がわかるだけでなく，隣町のイベントも把握できる。2市2町の情報がスマホなどで見られることは，輪島市のお茶会に能登町のママが足を運ぶことを可能にした。そして，サービスを知ってもらいたい奥能登地方のママたちには広く知られるサービスとなった。人の行動範囲は必ずしも行政区域とは一致しない。このサービスは，行政区域のルールを超え，市民により多くの選択肢を提供できている。それだけではない。隣街のことはほとんど知らない行政の人たちの意識の広がりにも役立っているそうである。

現在は，2市2町が対象だが，最初は輪島市だけだった。「小さくても，まずは動くものを作ることが大切」という考えが坂井さんにあったからだ。チームメンバーの山上さんが長年活動している輪島市であれば，行政職員の方との信頼関係も築けており，イベント情報の協力も仰げ，動くものを早く作れる自信があった。そして，動くものができてから他の市の人にそれを見せることで，広域への展開を図ったという。石川県主催のオープンデータ説明会にて，のとノットアローンのサービスを紹介し，そのイベントに参加していた職員にコンタクトをとって他自治体へ広げていったとのこと。当初から奥能登地方すべてを対象としてスタートしようとしていたら，広域展開はもっと苦しいものだっただろう。

また，「まずは動くものを」という視点だけならば，信頼関係を築けていない自治体に関しては，自分たちでデータを入力し，運用せざるをえなかっただろう。しかし，ボランティアでのデータ運用は，継続的なサービスが困難になることが容易に想像できた。継続的な運用ができなければ，一時的にアプリが作られたとしても，自分たちの課題の解決にはならない。のとノットアローンは，「作って終わり」ではなく，「運営が継続しやすい仕組み」についても意識

して作られており，各自治体と一緒に運用していくことは，その視点で外せないポイントだった。つまり，作ったものはアプリだけではない。運用に協力してくれる人たちとの関係性をも作り上げているのだ。その点を評価され，2016年のアーバンデータチャレンジ[2]・アクティビティ部門で金賞を獲得した。

❸ ニーズから生まれたサービス

「のとノットアローン」のもう一つの特徴は，テクノロジーに詳しくない課題保有者のニーズから生まれたサービスということである。シビックテックの大きな課題の一つとして，サービスを作ったはいいけれどなかなか利用してもらえないという問題をよく耳にする。エンジニアが妄想だけでサービスを作ると，利用されないケースが多いのだ。のとノットアローンにはそれがない。なぜなら，ママたちが欲しいものを，エンジニアが形にしたサービスだからである。実は，エンジニアチームで付け足そうとしてくれた高機能な提案もあったそうだが，利用者が使いこなせなくなることを懸念し，坂井さんが採用しなかったこともあったそうだ。

　NPO活動をしている実践者たちには「こんなものがあったらいいのに！」というアイデアがたくさんある。しかし，なかなかITを使った解決はされないのが現状である。実は，課題保有者の要望をITで解決する際の進め方のヒントが，のとノットアローンが作られた過程にある。それは，「本当に必要なものだけに絞り，まずは動くものを！」というIT開発でいう「アジャイル開発」的進め方であり，それを実行する進行役の存在である。のとノットアローンではその役割を坂井さんが果たしていた。

　「のとノットアローン」は，NPO活動をしていた山上さんの漠然とした「あったらいいな」を，チームみんなで「アイデア」という形に落とし込んだところから始まった。アイデアソン後も，山上さんは地元のママたちと一緒に「ほしいサービス」を考え，紙に書きだしていった。しかし，坂井さんは，山上さんたちの「妄想」をそのままエンジニアチームに渡さなかった。ママチームは，月に一度は集まっていたため，坂井さんはその場に足を運び，ママたちや市職

---

2) 地域課題の解決を目的に，地方自治体を中心とする公共データを活用した年間のイベント開催を伴う一般参加型コンテスト（http://urbandata-challenge.jp/）。

員さんの要望をできるだけシャープに，かつ具体的にするお手伝いをしたのである。たとえば，「こうなったらいいな」といったことではなく，「このボタンを押したらこうなってほしい」といった形の要望にするなどである。ふわっとした要望ではなく，どこをどうしたらどうなってほしいという具体的なイメージでエンジニアチームに伝わったためか，エンジニアの多田さんが3週間でプロトタイプと呼ばれる試作品を作ってきた。そして，そこからプロジェクトが軌道にのり，動き始めた。プロトタイプを見てママたちは，自分たちの妄想が形になって動いているのを見てテンションがあがる。エンジニアたちは自分の作ったものが喜ばれていることを目の前にしてテンションがあがる。そんな好循環が生み出された。そして，みんなのテンションがあがって楽しそうに活動をしていると，自然と仲間が増えていった。

❹ 活動を伴走するシビックテックコミュニティの重要性

「のとノットアローン」は，シビックテックコミュニティ「CfK」のプロジェクトの一つとして活動している。出会いもCfKのイベントであり，2市2町に広めるきかっけを作ったのもCfKのイベントである。先に述べた「作って終わり」ではないサービス設計の精神は，実はCfKの根底にある考え方であり，その考えを具現化しているのが各プロジェクトなのである。

エンジニアの多田さんは，ほぼ一人でプロトタイプまで作り上げたが，今回のサービスで必要になる技術をすべて最初から持っていたわけではなかった。自分のいままでのスキルを活かしつつも，「のとノットアローン」を作るうえで必要となるツール（GitHub[3]）などを学びながら作り上げていったのである。そんな状況で，質問できる人の存在はとても重要であり，コミュニティはその役割を担っている。また，プロトタイプではなく，サービス提供となると，ライセンスの問題などもあり，技術以外の知識も必要になってくるため，質問できる人の存在はさらに重要となる。

のとノットアローンとCfKの関係は，「聞けば教えてくれる」という関係だけではない。サービスへの質問や問い合わせがあった際，オンライングループ

---

3) プログラムやドキュメントのバージョン管理を行うことができる分散型ネットサービス（https://github.com/）。

のとノットアローン運営メンバー（写真提供：Code for Kanazawa プロジェクト NNA!）

に坂井さんがその内容を投稿すると，メインで活動しているメンバーの苦手そうなところがあれば，「その部分やります！」と CfK の他のメンバーが手をあげたりする。また，コンテストのプレゼンで東京への交通費が必要になれば「交通費は出しますのでぜひチャレンジしてきてください」といった，能動的なサポートもしている。「お願いしたらサポートしてくれる」のではなく，伴走しながらサポートしてくれるコミュニティの存在は，継続的な活動をするうえでとても重要であり，心強い存在である。

2 シビックテックとは何か　　　　　　　　　　　福島健一郎

❶ テクノロジーが社会に与える影響

　のとノットアローンという事例を通してシビックテックの形を一つ見ていただいたが，このストーリーの中で最も大事なことは「自分たちで自分たちの必要なものを創り出すという精神」と「テクノロジーの利用」の掛け合わせというところにある。
　これまでも自らの住む地域社会においてさまざまな課題を市民自身が解決していこうということはあった。古くは町内会や自治会，最近は数多くの NPO 団体が存在している。これらとシビックテックの違いは，テクノロジーを活用

Civic Tech　9

第1章 シビックテックって何?

するか否かだ。それが大きいインパクトを持つものにあまり感じられないかもしれないが、テクノロジーの活用は社会を大きく変化させる力がある。

では、なぜテクノロジーなのだろうか。

たとえば、人間のコミュニケーションはテクノロジーでどう変化しただろうか。コミュニケーションは人間社会において、とても大事なものの一つだ。人間は他の人間とコミュニケーションをとり、共同体を作ることができるようになったからこそ、いまの社会を築くことができたとさえ言う。

古くは、人間は口頭で歴史や社会の大切なことを伝えていた。いわゆる口頭伝承である。親から子へ、年長者から年少者へ、さまざまな経験をしてきた先輩たちはその下の世代へと大事なことを口頭で伝えていく。それには物語になって伝えられるものもあった。

しかし、口頭で情報を伝えることには大きな欠点がある。それは一度に伝えられる人数に限りがあるということだ。広い場所に人を集めたとしてもそこに集められる人数に限度はあるし、その場に来ることができない人たちには伝えることもできない。伝えるべき情報があったとしても、それを多くの人に伝えるには限界があった。

そういった欠点があるなか、発明されたテクノロジーが「文字」である。ここでは文字もテクノロジーと見なしているが、文字は人間にとって最大の発明かもしれない。この文字によって、人は伝えるべき情報を文章にし、それを紙に書きとどめて見せることで、時と場所を超えて情報を伝達できるようになった。

その場にいなくても情報を伝えることができたし、一度に複数の人に情報を伝えることもできるようになった。それは書物として残るようになり、過去から未来へと情報を伝達できるテクノロジーとなった。

そこに15世紀半ば、革新的なテクノロジーが誕生する。活版印刷である。

当時、書物は貴重だった。紙という資源はもちろん貴重だったが、書物を複製してもう一冊作るためには、書写という形で中に書かれている文章を書き写していく必要があった。それは大変な作業であったため、必然的に多くの書物を複製することは困難であった。しかし、グーテンベルクが広めた活版印刷という技術は、書物を安価に、そして大量に複製することを可能にした。それは

単に便利になったという話だけではない。

当時のキリスト教会では，「これをお金で買えば，生きている間に犯した罪が軽減される」という免罪符（贖宥状）というものを発行していた。聖堂の資金集めのために発行が乱発された免罪符は，本来の意味が失われ，だんだんと教会の単なる資金集めの道具となっていく。

これに反発を覚えたルターは免罪符に異を唱え，信仰の意味を問いかけた。その際に彼は「95か条の意見書」というものを発表するが，これは活版印刷によって印刷され，2週間のうちにドイツ中に広まり，これが宗教改革へ発展していく。

ヨハネス・グーテンベルク

また，ルターはさらに聖書をドイツ語に翻訳して活版印刷によって複製することで，数多くの人に聖書を広めたが，これによって人々は神の言葉を教会を通してではなく，「直接」知ることが可能となった。そして，こうしたことが宗教改革の成功とキリスト教の宗派であるプロテスタントの誕生につながる。

活版印刷というテクノロジーが，人々の思想や文化，政治にまで影響を与えている良い例である。

その後もコミュニケーションに関するテクノロジーは進化していき，電話は初めて音声によって遠く離れた人たちが連絡をとりあうことを可能にした。また，ラジオは音声によってリアルタイムに不特定多数の人々に情報を伝達できるようにした。テレビはそこに映像まで付加し，より情報量を多く伝達できるようになった。

そして，インターネットは不特定多数の人への情報の伝達を双方向に可能とした。つまり，人は誰でも不特定多数に情報を発信することもでき，受信することもできるようになったのである。

このインターネットの登場はコミュニケーションテクノロジーにおいて大きな一歩だ。

テレビというメディアが大きな力を持つことができたのは，質の高い情報を不特定多数の人に発信できるからである。そのため，テレビは大きな権力を持つことになった。しかし，不特定多数に情報を発信できるという言わば特権が，インターネットの登場によって変わったと言える。インターネットは人類史上初めて，誰もが全世界の不特定多数に情報を発信できる力を与えた。

このようにテクノロジーは社会や文化，思想にまで影響を与える力を持っているが，その力は一人一人の市民に力を与える方向に動いている。

活版印刷は，教会からしか与えられなかった信仰を聖書という原点に戻って自ら行う機会を与えたし，ラジオやテレビはたくさんの人々に正確な情報を発信する役割を得た。そして，インターネットは市民一人一人に情報の発信者になれる力を与えた。

私たちの社会は放っておくと権力が集中する場合が多々ある。それは情報の集中とも関連が強い。だから，テクノロジーによって情報が分散することにより，一人一人の市民に権力が移行するのは自然なことだ。

シビックテックの本質とは，市民に力を与えることなのだろう。その結果，市民は自分たちで地域の課題を解決したいと思うし，市民は自分たちの望む社会の実現を考えることができる。

❷ オープンな開発

こうした考えは IT 業界に馴染みやすかったと言える。

1985 年に非営利団体フリーソフトウェア財団（Free Software Foundation）を設立したリチャード・ストールマンは，ユーザーが自由にソースコードを改変したり，再配布できる「フリーソフトウェア」という考えを提唱した。ソフトウェアは独占されるべきでなく，公的な財産として扱うべきだという考えがそこにはある。

たしかに，もともと古くは，ソフトウェアのソースコードは公開され，自由にそれを利用できる時代があった。その頃のコンピュータの世界ではハードウェアに重きが置かれ，ソフトウェアにそれほど価値を感じられていなかったからだ。

たとえば，AT&T のベル研究所では，種類の違うコンピュータであっても

同一のプログラムが動かせるようにする共通の基盤ソフトウェア（いわゆるオペレーティングシステム，OS）を作るが，これはソースコードが公開され，誰もが改変と再配布できるようになっていた。UNIX（ユニックス）と名付けられたそのソフトウェアは，世界中のソフトウェア技術者の手によって移植（翻訳）され，開発者であるベル研究所のデニス・リッチーやケン・トンプソンが開発していないコンピュータでも動作するようになっていく。本人たちが開発していないコンピュータでも動くようになっていくというのは，とてもすごいことだ。しかし，AT&T はじきに UNIX の価値に気づき，公開をやめてしまった。

リチャード・ストールマン

　リチャード・ストールマンの「フリーソフトウェア」という思想は，商業的ソフトウェアの世界では批判を受けたものの，すぐに多くのソフトウェア技術者に受け入れられる。

　彼は仲間と多くのフリーソフトウェアを開発し，それらの多くは現在のインターネット社会においてなくてはならないものも多い。しかし，最も重要な成果は「コピーレフト」と言われる概念と GPL（General Public License）というライセンスかもしれない。

　コピーライト（いわゆる著作権）の反対語として提唱された「コピーレフト」は，その後のオープンなコンテンツの基本的概念として利用されているし（たとえばオープンデータで利用されている），GPL というライセンスはオープンなソフトウェアをどうやって公開すれば良いかわからない技術者にとって，誰もが簡単にフリーソフトウェアとして公開できる道筋を作った。

　ソフトウェアを公的な財産として考えて公開し，誰もが改変と再配布ができるようにするこの思想は，この後のソフトウェア業界に大きく影響を与えてい

く。これがなければ少なくともいま現在のようなソフトウェア社会ができていたかどうか疑わしいだろう。

　この思想は，その後，Linux（リナックス）というオープンなソフトウェア開発にも影響を与えている。Linuxは世界中の基盤となるソフトウェアのベースやスマートフォンのような小型のデバイスにまで利用されている大事なソフトウェアだが，1991年に当時フィンランドの学生だったリーナス・トーバルズがそのベースを作り，それをインターネット上に公開して誰でも改造できるようした。Linuxはリチャード・ストールマンの作ったGPLのライセンスで配布され，やがて世界中の技術者が開発に携わって成長させていくソフトウェアとなった。

　こうした開発手法はやがてオープンソースと呼ばれることとなり，ソフトウェア開発の大きな潮流となった。

　自らが書いたソフトウェアを公開し，誰もが自由にそれを発展，拡張させていくというこうした考え方は，シビックテックの基本的な考えに近い。

　一人のちょっとしたアイデアや疑問を公開し，公的な財産とすることで，そこに賛同する仲間を広く集めることができる。共感した仲間は最初の人が考えている範囲を越えて，すばらしいアイデアやモノ，仕組みを作り出すかもしれない。なぜなら，そうやって参加することで，参加した仲間も恩恵を受けられるからである。

　大事なのは，しっかりオープンにすることと，その行き先をわかりやすく見せることだ。

　ただし，シビックテックは何もアプリやサービスを創ることが一番大事なことではない。それはあくまで成果物でしかない。

　最も大事なことは，市民一人一人が協働して，それぞれのスキルを集めて市民自身が望む社会を実現できるプラットフォームを創り育てることである。そのためには，オープンソースがそうであったようにオープンであることはとても大事な条件になる。

　オープンソースがソースコードを公開することで世界中のだれもがコードを共有して改良することができたように，シビックテックも課題やスキル・アイデア・開発したアプリ等を公開することで，市民の力を集めて市民が望む社会

に改良していく。

ソフトウェアの技術者がソフトウェアを実装する（機能を構築していく）ように，シビックテックに携わる市民は社会を実装するのである。結果として，アプリやサービスが社会を実装していくうえで効果的であれば，それが選ばれるということになる。

❸ 新しい市民社会の形

シビックテックはいまの時代だからこそできる活動である。それは新しい市民社会を創ることとも言える。

市民は自分たちがいったい何に悩み何を課題としているか，同じような悩みを持つ仲間がいないか，足りないスキルは何かを整理し，発信することができる。望めば世界中に。

そして，そうやって発信された情報を手がかりに，足りないスキルを補える誰かが協力をすることができる。

一人一人の市民の力はそれほど大きくないかもしれない。

だから，人は町会や自治会といった地域団体を作ってきた。狭い同じ地域に住み，顔を合わせ，利害を共有する皆で共通の課題に取り組んで助け合うのである。その仕組みは地縁と呼ばれ，とても良く機能していたが，時代とともにこういったコミュニティに積極的に参加する人は減ってきている。

その代わりに増えてきているのが市民団体である。地域団体のような小さい特定の地域に属さず，範囲も活動内容も広く，市民全体に恩恵をもたらすようなコミュニティだ。

シビックテックコミュニティはこうした時代にテクノロジーを武器にした市民団体として誕生した。テクノロジーによってさまざまなスキルを持つ市民たちをつなぎ，皆の力を集めて，とても効率的に，そしていままでよりはるかに強力に成果をあげる。

彼らは，基盤となるインターネットをはじめとして，スマートフォン，メールやメッセージ，SNS，テレビ電話，ソーシャルコーディングプラットフォーム（GitHubなど）といったさまざまな技術を使いこなし，情報の発信や課題の共有について話し合い，それを解決する手段の構築までを行う。もちろん，

実際に顔を合わせることも少なくないが，そうしなくても成果をあげられることが彼らの強みだ。

そして，そういうテクノロジーの活用によって，自分自身が使える時間の中でそれぞれが活動に参加することができるようになっている。それは，これまでの市民団体や地域団体と大きく違うところかもしれない。これは，参加の敷居を下げ，多数の市民の力を少しずつ集めることに適している。

実際，自分が使える時間が少なくても充分に参加できるなら，市民誰もが自分の社会を良くしようということに興味を持てるはずだ。そして，それがシビックテックコミュニティに参加するメンバーの多くを金銭的報酬ではない別の対価で行動させることに結びついている。

少なくとも日本国内のシビックテックコミュニティの多くは充分な資金を持ってはいない。だから，市民はお金をもらわずに活動をしている場合がほとんどだ。いわゆるボランティア活動ということになるが，お金もなしに市民はどうしてさまざまな活動を続けられるのか？

もちろん，その解は単純である。多くの市民は本業としてお金を稼ぐ何かに従事していて，多くの時間をそこに費やしている。そして，生活に必要なお金は本業で稼ぎ，余った時間をシビックテックの活動に充てている。

つまり，本質的な問いかけとしては，「どうしてそこまでやれるのか？」ということになる。

❹ お金は大事なものだが，お金が最も大事なわけではない

私たちは，ほぼあらゆるものがお金で売買される時代に生きている。仕事の中では自分の時間を売っているという意識の人も多いだろうし，あらゆる飲食物，保険，医療，教育がお金で買える。公園や駅の命名権は売り物になるし，国家間の二酸化炭素排出権ですら売買される。お金を多めに支払えば優遇されるサービスも数多い。

たとえば，私たちの社会の課題をお金以外では解決できないとしたらどうだろう？

お金を割増しで払えば優先的に来てくれる救急車，高級住宅地だけが治安のいい地域，高度な教育を受けるための高額の授業料，治せるはずの病気であっ

ても高額な治療費。

　お金があれば，優れた医療を受けられ，安全を確保でき，確かな教育を受けられる。そうした社会を多くの人は望まないはずだ（望まなかったとしても現実には，一部そういう社会に変わってきているところもあるかもしれないが）。

　なぜなら，お金には必ず不平等性があるため，生きていくうえで必要なものを売買の対象にしてはいけないとみんなは考えているからだ。私たちはいろんなものをお金で売買できる社会の便利さをよく理解しているが，それだけでは善き社会にならないということも理解している。

　もし，お金だけで何でも解決する社会にしたくないというならば，お金ではない別の何かで動く力が必要になる。シビックテックはその担い手の一つなのかもしれない。そして，それを実現できることが，これからの市民社会にとって大事なことだと思われる。

　先述した「のとノットアローン」はたくさんのお母さんたちと数人の技術者，行政の協力があって実現していまも運用されている。そこにお金は動いていない。もちろん，お金がないよりあったほうが良いが，この「のとノットアローン」においては，それが大事な基準ではない。

　メンバーが忙しいなか，わざわざ時間を割いてまで話し合ったり，ソフトウェアのプログラムを書いたりするのには二つの理由があると考えている。

　一つは，自らの地域の課題を解決したいからにほかならない。お金がもらえるからやるわけではない。お金がもらえないとしても，その地域課題を解決したいため，それを自分たちで解決できるのならやる，それだけである。お金がもらえるならやるというのならば，所詮，それはその程度の課題でしかなかったのかもしれない。

　もう一つは，貢献することへの満足感である。課題が直接自分と関係することでなくても，その課題に共感できれば充分に参加する動機となる。そして，その課題を解決できれば，自分ゴトのように喜べるのだ（これは技術者に圧倒的に多い）。

　つまり，シビックテックに参加する市民は，課題を自分ゴトとし，自分のために働ける人たちということになる。言わば，社会をDIY（Do It Yourself）化する市民と言える。

第 1 章　シビックテックって何？

　日本は少子高齢化に伴う人口減少を起因として，いまたくさんの課題を抱えている。しかし，そのすべてを経済的な論理だけで満足に解決できるとは思えない。そういう時代にあって，シビックテックは時代の要請として生まれてきたものかもしれない。

　いま，日本国内においてもたくさんのシビックテックコミュニティが誕生してきている。そこに参加する市民はシビックテックの可能性を感じている人たちばかりだ。彼らがしっかり活動できる地域は，経済的論理以外で課題を解決する方法を手に入れた地域と言える。だからこそ，ぜひ応援してほしい。

　市民が自ら考え，自ら課題を解決する。すべてのことを成せるわけではないだろうが，これからの社会はそうした市民に，企業も政府・自治体も力を貸す時代になるのかもしれない。

　テクノロジーの発展のおかげで，ようやくそういうことが可能になったのだ。

3　シビックテックの歴史　　　　　　　　　　　福島健一郎

❶ アメリカで誕生したシビックテック

　シビックテックという言葉が意図して明確に使われたのはアメリカが最初だと言われている。

　2000年代中頃，ウェブの新しい利用法を指す言葉として「Web 2.0」という言葉が使われ始めた。この提唱者であるオライリー社の創業者ティム・オライリーは，これを行政にも拡張して「Government 2.0」を提唱する。

　これは，税金を払えば行政サービスが提供されるこれまでの自動販売機モデルでは市民の要望に応えられなくなっているため，これからの行政は必要なデータやリソースをできるだけ市民に提供し，市民自らが必要なサービスを決定したり，創ったりすることができるようなプラットフォームになるべきだという考えである。

　ティム・オライリーはブログメディアであるテッククランチ（TechCrunch）への寄稿の中で，「テクノロジー産業の歴史から何か学べることがあるとするなら，それは，ある分野で決定的な勝者になったのはすべてプラットフォーム

18　Civic Tech

3 シビックテックの歴史

Government 2.0 の提唱，オライリーメディアのウェブサイト（http://www.oreilly.com/tim/gov2/index.html）

企業だという点だ」と述べている。プラットフォーム企業は必要なものを用意し，その用意した中で多数の第三者が優れたサービスや商品を創り出すことで，プラットフォーム企業自身の価値を急激に高めていく。

そして，市民が受ける行政サービスもそうした考えを導入すべきだというものだ。そのプラットフォームとしての行政と協働しながら市民が課題を解決していく活動がシビックテックと呼ばれることとなる。

2009 年，アメリカに Code for America（コード・フォー・アメリカ）という非営利組織が誕生した。Code for America は「21 世紀における政府は，市民のために働き，市民によって運営されるべき」という理念のもと，テクノロジーを利用した行政サービスの変革にチャレンジしている。

彼らの代表的な事業の一つであるフェローシップ・プログラムは，全米からIT エンジニアを募集・選抜して，同じく募集・選定された地方都市の行政機関等にそのエンジニアを一定期間派遣することで，その地域の課題解決の取り組みを支援している。そして，派遣されたエンジニアは，その地域の課題を把握し，テクノロジーを用いて課題解決につながるシンプルかつ効果的な行政サ

Civic Tech 19

第 1 章 シビックテックって何？

Code for America のウェブサイト（https://www.codeforamerica.org/）

ービスを生み出すことをゴールにするのだ。

　彼らはフェローと呼ばれ，毎年 30 人ほど派遣されている。彼らの給料は決して高い金額とは言えないが，参加を希望するエンジニアは年々増えていて，その中には大手一流企業の職を捨てて参加しようとしている者も多い。行政と協働しながら，テクノロジーによって市民視点の行政サービスを実現するやりがいがそうさせるのかもしれない。

　フェローが派遣されるのは約 1 年間だ。つまり，どんなに優秀なエンジニアが来ても，彼らは 1 年間で去っていくことになる。そのため，その 1 年間で開発されるアプリやサービスだけに価値を置いてはいない。1 年間かけて行政とエンジニアが協働し，市民とも対話しながら，必要なものを導きだし，シンプルで効果的な解を創りあげていくというプロセスこそが最も重要なものだ。

　また，全米の各地域には Code for America Brigade（ブリゲイド）と呼ばれるシビックテックコミュニティが存在している。Code for America が全米の組織であるのに対し，Brigade は Code for Boston（ボストン）や Code for Philly（フィラデルフィア）のように各地域を担っている。いまではその Brigade の輪は全世界に拡がり，Code for Africa（アフリカ）や Code for Germany（ドイツ）のように他の国まで参加する形となっている。

20　Civic Tech

❷ 日本におけるシビックテックの萌芽

　日本でシビックテックという言葉やCode forと名のつくコミュニティが誕生するのはそれから4年後になる。

　2012年にネット上でCode for Americaの活動を知った筆者（福島）は，アプリやサービスを開発して市民がそれを利用することで，さまざまな課題を解決していく事例にとても驚いた。

　これまでIT系の非営利の活動というと，NPOのホームページ作成のお手伝いや地域のIT困りごと相談のようなものが主体だった。もちろん，それに価値がないわけではない。ただ，筆者はそこに面白さや興味を持つことができなかった。それはエンジニアとしてのスキルを充分に活かせる場ではなかったからだと考えている。

　しかし，Code for Americaは異なっていて，エンジニアが開発するアプリやサービスが社会や地域の課題をダイレクトに解決していた。

　たとえば，フィラデルフィアでCode for Americaが開発した「Textizen（テキシチズン）」は，市民が行政の施策に対してどう考えているか市民の声を効果的に集めるために開発された。人が集まりやすい場所やバスの車体などにアンケートが掲示され，その答えをアプリからショートメッセージで送る。行政はその集まった答えを集計して民意を捉え，今後の参考にするという仕組みだ。これまでタウンミーティングなどで市民の声を聞いてきたが，予算や時間の関係で行える回数には限りがあるが，こうしたアプリであればすばやく市民の声を集めることができる。

　また，ボストンの「Adopt-A-Hydrant（アダプト・エー・ハイドラント）」は，冬に雪で消火栓が埋もれてしまうという課題を解決するために開発された。当然，雪で消火栓が埋もれてしまったのをそのままにしておくと，いざ消火活動をしなくてはならないときに消火栓を掘り出さなくてはならず，それによって消火活動が遅れてしまう。しかし，ボストン市には消火栓を定期的に除雪するだけの財源はなかった。そこで，消火栓の位置を地図上に表示した後，「雪から掘り出した消火栓には名前を付けられる」，「すでに名前がついていても放置されている消火栓については掘り出せば，新しく名前をつける権利が得られ

る」というゲーム的な仕組みを導入して，消火栓の除雪を市民に依頼する形にした。その結果，ゲーム要素に熱中した市民も加わって，この課題の解決につながっていったのである。

この二つの事例からわかるのは，確かな課題設定とその解決につながるアプローチをしっかりと考えれば，ITによって課題解決を行うことができるということだ。この部分にとても感動したのを筆者はいまでも覚えている。

しかし，当時の日本にはまだCode forと言われる団体はもちろん，ITに代表されるテクノロジーを用いて課題を解決することを目的とした団体はなかった。

そこで，筆者はある一つの決断をすることになる。

「日本にないのなら作れば良い」

2012年の夏にはそう考え，仲間を集め始めた。一緒にやりたいと思った一人一人にCode for Americaという団体の考えや事例，日本でやることの必要性を説明し，中心メンバーとして8人の仲間を集めた。

また，地域の課題を解決するためには行政とも協働すべきだと考え，金沢市の行政の方々にも団体のビジョンを説明した。

そして，2013年5月に日本で初めてのCode forコミュニティ「Code for Kanazawa（CfK）」が設立された。活動範囲は石川県全域であるものの，中心エリアとなるであろう「Kanazawa」という名を冠した。

ホームページのプレスリリースにはこう書いてある。

「"できるだけオープンに，中立で，その地域に住む市民のために活動する" これがCfKの大事なスタンスです。もう他人任せは終わりにしましょう。このCfKの活動を大きく広げ，コードの力で世界をハッピーにしていきたい，そう考えています」

Code for Kanazawaは設立後，自らの活動内容を具体的に見せていくために，実際に課題解決をテクノロジーで行うプロダクトの開発を行った。それは，日本においてまだ「シビックテック」や「テクノロジーによる社会／地域課題解決」という言葉に誰もイメージが湧かなかったため，行ったものだった。

そうして2013年9月に誕生したのが「5374（ゴミナシ）.jp」（通称，ゴミナシ）である。

3 シビックテックの歴史

5374（ゴミナシ）.jp のトップページ（http://5374.jp/）

　このゴミナシは，「ごみの分別や収集情報がわかりづらい」という課題を解決するために開発された．たとえば，これらの情報はホームページにも出ているし，地区によって印刷物なども配布されていることは多い．しかし，それでも市民は「このごみは燃えるごみなのか，燃えないごみなのかわからない」，「資源ごみがいつだったか忘れてしまう」といった問題があった．つまり，機能的に事足りていても使いづらい場合は，それを充分に使ってくれない人もいるということである．

　そこで，Code for Kanazawa はゴミナシを開発するうえで，「シンプルで誰もが使いやすいデザイン」を大事にした．そうでないと，市民は使いこなせないからだ．

　このことから，Code for Kanazawa は「シビックテックにはデザインとテクノロジーの両方が大事」と考え，その両輪で社会／地域課題解決を行っていく．

　その後，ゴミナシはオープンソースで公開され，沖縄県石垣市と豊見城市を皮切りに全国へ拡がっていった．

　Code for Kanazawa の設立後まもなく，日本全体をカバーする Code for Japan の設立準備が始まる．

Civic Tech　23

第 1 章　シビックテックって何？

❸ 日本全体に拡大し始めるシビックテック

2013 年 6 月下旬，東京で「Code for Japan の可能性について語る会」が開催された。このときに 100 名近くの人々が集まり，アメリカの Code for America の活動紹介やパーソナル・デモクラシー・フォーラムというイベントの報告などがなされ，日本に Code for Japan という団体を作る可能性についてディスカッションされた。

参加者にはシビックテックの考え方に共鳴する人たちも多く，すぐに Code for Japan 設立の準備会イベントが都内で何回も開催されることとなる。

その設立準備会は Code for Japan の活動に主体的に参加したい人たちという条件があったにもかかわらず，参加者は 60 名を超えるときもあり，Code for Japan のあるべき姿や設立のためのマイルストーンが議論された。

その中でアメリカと日本とで大きく異なる点が Brigade だった。Brigade というのは Code for America が名付けた各地域版のシビックテック団体であり，Code for America の教育プログラムに則って認定を受けた活動団体である。

ただ，日本においては，Code for Japan の準備段階ですでに石川県の地域団体である Code for Kanazawa が存在している。Code for Kanazawa は各行政とも連携しながら，Code for America を参考に日本版シビックテックの道を模索していた。

テクノロジーを用いて市民自身があるべき形を考えたり，課題を解決していく姿がシビックテックだと考えると，中央からのトップダウンスタイルではなく，地方都市から自発的にシビックテック団体が立ち上がることはとても大事なことである。

そのため，日本においては各地域団体が Code for Japan の下部団体になるのではなく，それぞれが独立した存在として活動することが話し合われた。そして，Code for Japan は各地域団体が活発に活動できるよう下から支えることに決まった。

各地域団体が独立した存在であるという意義はシビックテックの精神から見て，非常に大事なことだと考えている。私たちはどうしても中央に全国組織があり，その下に地域の下部団体があるという考えに慣れているが（実際にそう

3 シビックテックの歴史

いう組織構成は非常に多い），シビックテックにおいては，それは馴染まない。なぜなら，上から指示されるのをただ待つだけや参考になるモデルが提示されるのを待っているようでは，これまでの誰かがやってくれるのを待つスタイルと変わらないからだ。

その地域のことについては，まずそこに住む市民自身が考えて行動していかなくてはいけない。そこに住む市民が望んでいないことを，外部の人間がやったところで何の意味があるだろう？

Code for Japan が設立されて以降，シビックテックと「Code for（コード・フォー）」という名称が日本でも徐々に紹介されるようになった。設立1年後には，全国イベントとして「Code for Japan Summit 2014」が東京大学駒場キャンパスで開催され，シビックテックの啓蒙に大きく貢献した。「Code for Japan Summit」は現在も年に一度のイベントとして数百名が参加し，2017年は神戸で開催された。

シビックテックという言葉が認知されていく中で，「Code for X」（Xには各地域の地名が入る場合が多い）と呼ばれる団体が各地域に設立されていった。いまでは40以上もあると言われる「Code for X」の設立にルールは存在しないため，多種多様なコミュニティが設立されている。県域で活動するものもあれば，区市町単位もあるし，代表者の背景によって組織の特徴も異なっていた。たとえば，大学関係者が中心となって設立された場合は必然的に学生の比率は多くなったし，地域の子育てコミュニティが代表者となれば女性の参加も多くなりテーマも子どもに関するものが多くなる。

そして，各地の「Code for X」の拡がりに合わせて，「5374（ゴミナシ).jp」も各地へ拡がっていった。全国の100以上の自治体に「5374（ゴミナシ).jp」が拡がったのは，こうした時期に，このサービスがシビックテックに取り組むためのスタートキットとして良い教材になったというところも大きい。全国に100以上も拡がるというのは，Code for America のプロダクトなどを見ても世界的に希有な事例だと考えられる。

2014年以降には各地の「Code for X」からもさまざまなプロダクトが生み出されるようになった。たとえば，「Code for Sapporo」が開発した「さっぽろ保育園マップ」は保育園の待機児童が多い札幌市において，できるだけ簡単

第 1 章　シビックテックって何？

Code for Sapporo の「さっぽろ保育園マップ」（http://papamama.codeforsapporo.org/）

にママパパが保育園を探すことができるように特化したツールである。

　保育園がどこにあるかだけでなく，保育園の詳しい情報や小学校や中学校の学区情報を地図に重ねて表示できるなどの機能もあるほか，一部保育園の空き状況も閲覧できる。「お父さんやお母さんの負担を少しでも軽くしたい。そして，一人でも多くの子どもにより良い保育環境をとどけたい」という思いで開発されたこのツールは，全国の保育園待機児童問題に悩む地域にも波及し，現在は 20 近くの保育園マップが存在している。

　現在も日本中のさまざまな団体がいろいろなシビックテック活動を行っている。アプリ等のプロダクトを創る活動もあれば，自分たちの地域の地図を創っていく活動やウィキペディアを記載していく活動もあったりする。

　シビックテックの活動は何かモノを創ることがゴールではないのでさまざまな形がある。ぜひ，自らの地域に活動団体がないか探してみてほしい。ない場合は，自分で，または仲間とともに創ってみるというのがシビックテック活動の最初の一歩かもしれない。

コラム 1

参加している人たちが何を喜びにしているのか

福島健一郎

　シビックテックという活動に意義を見出して参加する人たちは全国的に増えている。それが Code for コミュニティや他のシビックテック団体が全国に立ち上がるきっかけとなり，その成果が一般の人たちにも認知されるようになって，また参加する人たちも増えていくという好サイクルも生まれ始めている。

　では，シビックテックの活動に参加している人たちはなぜそれに参加しているのだろうか？

　少なくとも「お金」のためではない。なぜなら，活動するほとんどの人たちは無給か若干の謝礼しかもらっていないからだ。

　彼らのモチベーションの最も大きなものは「それが自分にとって必要」だからだ。つまり，自分や家族，地域の人たちにとって，その活動が必要だからやるのである。これはとても強いエネルギーとなる。

　「世の中のためになるアプリを作ってあげよう」という話になると，私たちはついつい余計なものを作ってしまう場合も多い。それは，自分が必要としていないものを空想して作ることになるからだ。

　しかし，シビックテックで活動する人たちの多くは違う。まず，最初に自分たちが欲しいもの，自分たちが抱える課題をしっかりと捉えて活動していく。だから，不必要なものは生まれにくいし，成果としてできたものは使われていくことになる。

　まさに，市民のDIY（Do It Yourself）化だ。

　「なんだ，ボランティアか」と軽視する人たちもいるが，市民がDIY精神で活動することで「お金」を対価にしないということはこれからの時代，とても大事なことだと考えている。

　何か価値を提供してほしいと思ったら，そのすべてに対してお金を必要とする社会，つまり価値をお金で買える社会と言ってもいいかもしれないが，そんな社会を皆が望んでいるかというとそうではないはずだ。

　シビックテックは「私たちがやりたいこと，やらねばならないことを，私たちの手で創り出す」ことで，お金のあるなしに関係なく，それを実現する活動だと考えている。

もちろん，お金があることでより活動がしやすいのは事実であり，そのためにシビックテック団体としてお金を集めるということは大事だ。今後，シビックテックの価値が拡がり，それが認知されるようになることで，そのリターンとしてお金も返ってくるようになると，さらに活動は拡大するのではないかと考えている。

シビックテックをはじめよう

小俣博司

Civic Tech

第2章　シビックテックをはじめよう

1　概　要

　シビックテックをはじめようと考えても行動に移すことができずに，なかなか一歩を踏み出せない人も多いのではないかと思う．その場合は既存のイベントや活動に参加してみるのが一番良い．本章では日本で行われているシビックテックの事例を紹介するので，興味あるものに参加してみてほしい．自分ですぐに始めたいという人は事例をそのまま真似て始めると効率的である．ソフトウェア開発の世界では新しい技術や方法論を学ぶときの例えとして写経または守破離という言葉が使われる．写経は仏教の経典を書き写すことが由来の言葉だが，新しいことを始めるときは既存の物をまねるのが一番効率的という意味でこの言葉が使われている．守破離は日本古来の武術や茶道の「道」に由来する言葉で，守破離の「守」は型や流儀を忠実に守る，「破」は型や流儀を守るだけでなく，あえて型を破り自分のアイデアを試みる，「離」は型や流儀から離れて独自に新しいことを試みる，ということを表している．これは型や流儀を習得したうえで創意工夫すれば，より良いものが最短でできる例えとして使われている．ぜひ既存の事例を参考にしてほしい．

　近くにシビックテックのイベントや活動がない地域は，第2節で紹介するCivicWaveの「オンライン井戸端会議」に参加してみてほしい．CivicWaveの「オンライン井戸端会議」は全国どこからでもインターネットがあれば誰でも参加できるので，実際に活動している人の生の声が聞ける．オンラインの参加に躊躇いがある場合には，それぞれのイベント・活動紹介の最後に関連するウェブサイトを載せているので，それぞれ連絡をとって相談していただきたい．

　本章では，具体的なヒントとなるように，シビックテックの活動を下記の四つに分けて紹介をする．

・イベント形式 交流型：参加者同士の交流や話し合いを目的にしたイベント
・イベント形式 参加型：シビックテック活動やオープンデータについて情報を共有するために開催されるイベント
・ワークショップ形式：参加者が一方的に講義を聞くのではなく，参加者自身

が作業等を行う体験型イベント
・コンテスト形式：参加者が自ら作品を作成し応募するもので，優秀な作品には賞が与えられる。

また，第6節ではシビックテック活動で役に立ちそうな技法・ツールについて紹介する。

2 イベント形式 交流型

「イベント形式 交流型」は参加者同士の交流や話し合いを目的にしたイベントである。年齢や肩書き，世代の枠を超えて語り合う場となる。

イベント主催者は，シビックテック団体や地域の人たちである場合が多い。

❶ シビック・ハック・ナイト

シビック・ハック・ナイト（Civic Hack Night）は，地域課題をITとデザインで解決していくことを目的に各地域で定期的に開かれるイベントの一種であり，地域に興味がある方や地域で活動している人とエンジニアやデザイナーとの出会いと交流の場である。

イベントは，テーマに沿った議論や，プロジェクトメンバー募集，自由な議論等を行い，同じ課題を持った人たちでシビックテック活動を始めるキッカケ作り，いろいろな立場の意見からの地域課題の発見，既存プロジェクトのメンバー探し等をすることができる。

イベント概要の例

主催者	各地のシビックテック団体や地域コミュニティ
開催頻度	週1回〜月1回
開催日	平日の夜，土曜，日曜もしくは休日
イベントの所要時間・期間	2時間
イベント開催コストと備品	会場費，プロジェクター，WiFi設備，電源アダプター，マイク，模造紙，付箋紙，ペン，名札，A4の紙，セロテープ
参加対象者	地域住民，エンジニア，デザイナー，行政職員

Civic Tech 31

第 2 章　シビックテックをはじめよう

イベント参加費	無料〜 1000 円
目的	地域に興味がある方や地域で活動している人とエンジニアやデザイナーとの出会いと交流の場
プログラム例	1. 開場 2. 開演，オープニング 3. 自己紹介 4. イベントについて 5. テーマ提供者のプレゼンテーション 6. フリーディスカッション 7. グループごとによる報告 8. クロージング
備考	なし

事　例

Chi Hack Night　米国のシカゴで毎週定期的に開催されているイベント。シビックテックについての共有，学習等を行っている。ウェブサイトは https://chihacknight.org/

Code for Kanazawa Civic Hack Night　石川県金沢市の一般社団法人コード・フォー・カナザワが定期的に開催しているシビック・ハック・ナイト。日本では老舗のシビック・ハック・ナイトである。Code for Kanazawa Civic Hack Night Vol. 25 のサイトは https://cfk.connpass.com/event/65332/

Code for Japan 井戸端会議　一般社団法人コード・フォー・ジャパンがかつて，東京近郊で毎週開催していた雑談をするイベントである。シビックテックに関心がある人が気軽に世間話や相談をする場として，馴染みやすい名前である「井戸端会議」という名前で開催し，参加のハードルを下げていた。Code for Japan 井戸端会議のサイトは http://qiita.com/8800/items/aba02b3e031407889223

カマコンバレー定例会　IT を使って鎌倉を盛り上げようという団体カマコンバレーが主催し，神奈川県鎌倉市に興味がある法人や個人が定期的に開催している。会員制をとっていて，一般参加者は会員からの招待により参加可能である。アイデアを持った人がプレゼンテーションを行い，具体的なプロジェクトに育てていく。定例会の活動予定と記録については http://kamacon.com/schedule/category/ 定例会 /

オープンカフェ会津　福島県会津若松市の CODE for AIZU（行動 for 会津）が

2　イベント形式 交流型

Civic Hack Night Kanazawa の様子（写真提供：Code for Kanazawa）

開催しているイベントである。毎回テーマを設定して，テーマに沿った議論や勉強会を地域の人と行う。ウェブサイトは http://aizu.io/event/

シビックテック・カフェ@水戸　茨城県の Code for Ibaraki が不定期に開催しているイベント。毎回テーマに沿って，話題提供者が講義形式で話をして，その後参加者を交えて議論をする。カフェという比較的にゆったりした空間で，飲み物を飲みながら議論をするイベント。第 14 回シビックテック・カフェ@水戸のサイトは https://codeforibaraki.connpass.com/event/68268/

もくもく会　テーマを決めずに興味ある人が集まって各自が持ち寄った作業をもくもくと作業するイベント。各自がもくもくと作業することから「もくもく会」と言われている。交流や仲間作りや情報交換等を目的としたゆるい雑談の場である。もくもく会自習室 2018/03 月号（UDC2018 神奈川）の案内サイトは https://openkawasaki.connpass.com/event/81998/

❷ オンライン井戸端会議

インターネット上のオンライン会議でシビックテックに関心がある人たちが気軽に世間話や議論をするイベントの一種である。

実際に同じ場所に集まって話をするのではなく，インターネットが接続でき

第2章　シビックテックをはじめよう

るところなら全国どこからでも参加することが可能である。シビックテックに興味があるが近くに話をする人がいない人の交流と出会いの場となる。

井戸端会議という名前が示すように，気軽に集まって話せるように下記のルールで行うことが多い。
・テーマは事前に決めないが，テーマの持ち込みは可能
・話の内容は当日の参加者に委ねる
・世間話，雑談，相談をする
・飲食をしながら参加可能

イベント概要の例

主催者	各地のシビックテック団体や地域コミュニティ
開催頻度	週1回〜月1回
開催日	平日の夜
イベントの所要時間・期間	1〜2時間
イベント開催コストと備品	オンライン会議ツール，ネットワーク環境，パソコン（パソコン用マイク，パソコン用カメラ）もしくはスマートフォン

オンライン井戸端会議で議論（写真提供：CivicWave：オンライン井戸端会議）

参加対象者	シビックテックに興味がある人，シビックテックについて相談したい人
イベント参加費	無料
目的	全国のシビックテックに興味がある人の交流と出会いの場
プログラム例	1. オープニング 2. 自己紹介 3. テーマ募集 4. フリーディスカッション 5. クロージング
備考	オンライン会議ツールは無料で利用できるツール（Google ハングアウト，スカイプ等）を利用すると良い

事　例

CivicWave：オンライン井戸端会議　シビックテックのブログメディアであるCivicWave が毎月第 1 木曜日に開催するオンライン井戸端会議である。CivicWave：オンライン井戸端会議 2018 年 4 月号のサイトは https://idobada 201804.peatix.com/

3 イベント形式 参加型

「イベント形式 参加型」はシビックテックやオープンデータについて情報を共有するために開催されるイベントである。

イベント主催者は，シビックテック，オープンデータに関する団体や企業，行政機関などである。

❶ インターナショナル・オープンデータ・デイ

インターナショナル・オープンデータ・デイ（International Open Data Day〔IODD〕）は，オープンデータに関するイベントを世界中の都市で同日開催する年 1 回のお祭りである。オープンデータやシビックテックに関心のある，エンジニア，デザイナー，地域住民，行政機関，教育関係者がオープンデータに対する関心を高め，オープンデータの利活用を推進することを目的に行う。

全体のコーディネートは，オープン・ナレッジ・インターナショナル（Open Knowledge International〔OKI〕）が行い，公式の Chapter（支部）である一般

第 2 章　シビックテックをはじめよう

社団法人オープン・ナレッジ・ファウンデーション・ジャパン（Open Knowledge Japan（OKJP））が日本全体の取りまとめと，世界に向けた情報発信をする。

　地域イベントは各地域が独自にイベントを企画・主催する。2018 年は日本国内では 65 カ所の会場（都市）で開催された。各地域で開催されるイベントはハッカソン，アイデアソン，街歩き，マッピングパーティ等さまざまである。

- この日にはじめてオープンデータ関連のイベントに参加する，未公開だったデータをはじめて公開する，はじめて行政と市民が対話するなど，地域でオープンデータに関する取り組みを一歩進める機会として使われている。
- 時間を決めて成果をネット中継で見せ合うなど，近隣の地域で連結して開催するケースも毎年みられる。
- 記念撮影をして写真をツイッターなどでシェアするのが通例である。
- ツイッター上ではアジア，アフリカ，ヨーロッパ，北米・南米と世界中の会場でさまざまなイベントが行われている様子を見ることができる。

イベント概要の例

主催者	世界規模のコーディネートはオープン・ナレッジ・インターナショナル，日本国内での開催呼びかけと支援は一般社団法人オープン・ナレッジ・ファウンデーション・ジャパンが行う。 各地のイベントは，各地のシビックテック団体やオープンデータに興味がある団体，行政機関が開催する。
開催頻度	年 1 回（3 月の第 1 土曜日，各地の事情によって前後 2 週間くらいの幅がある）
開催日	土曜，日曜
イベントの所要時間・期間	1 日～ 2 日
イベント開催コストと備品	会場費，プロジェクター，WiFi 設備，電源アダプター，マイク，模造紙，付箋紙，ペン，名札，A4 の紙，セロテープ
参加対象者	地域の住民，地域に興味がある人，オープンデータに興味がある人，シビックテックに興味がある人，行政職員
イベント参加費	各地のイベントでは無料～ 1000 円
目的	オープンデータに対する関心を高め，オープンデータの利活用を推進する
プログラム例	日本各地のイベントのプログラム例 　1. 開場 　2. オープニング，趣旨説明

3 イベント形式 参加型

インターナショナル・オープンデータ・デイ 2018

オープンデータデイとは　メディアの方へ　よくある質問　国内開催地一覧　ロゴを作ろう

2018 年のインターナショナル・オープンデータ・デイのサイト（http://odd.okfn.jp/）

	3. 自己紹介 4. イベントについて 5. ワークショップや作業 6. グループごとの報告 7. クロージング オープン・ナレッジ・ファウンデーション・ジャパンのプログラム 1. インターナショナル・オープンデータ・デイ全体に関するオープニング中継 2. 日本各地のイベントの SNS 等を翻訳 3. 世界に向けて日本の状況を英語で発信 4. 日本各地の会場の成果の取りまとめ 5. クロージング
備考	なし

日本各地のイベントの事例

公共交通オープンデータ最前線 in インターナショナルオープンデータデイ 2018
（https://peatix.com/event/347711/）

Civic Tech　37

シビックパワーバトル 千葉市 6 区対抗戦 in IODD（https://iodd2018chiba.peatix.com/）

過去に開催されたインターナショナル・オープンデータ・デイのサイト
インターナショナル・オープンデータ・デイ 2018（http://odd.okfn.jp/）
インターナショナル・オープンデータ・デイ 2017（https://okfj.github.io/odd17/）
インターナショナル・オープンデータ・デイ 2016（http://okfn.jp/2016/03/20/iodd2016-report/）
インターナショナル・オープンデータ・デイ 2015（http://odd15.okfn.jp/）
インターナショナル・オープンデータ・デイ 2014（http://odhd14.okfn.jp/）
インターナショナル・オープンデータ・デイ 2013（http://odhd13.okfn.jp/）

❷ CIVIC TECH FORUM

　CIVIC TECH FORUM（シビックテックフォーラム，以下 CTF）は，毎年東京で行われているシビックテックの未来を拓くための一般参加型イベントである。日本のシビックテックの現状を確認・勉強し，関係者が語るための場である。主催は CIVIC TECH FORUM 運営委員である。

　初回開催は 2015 年で，2018 年現在までに 4 回開催されている。2016 年には，地方版 CTF として九州（久留米），東海（名古屋），千葉・茨城（柏）でも行われた。

　イベントスタイルは，講演やパネルディスカッションなどで情報をインプットし，最後にアンカンファレンス（創造的井戸端会議）と呼ばれる参加者同士のディスカッションで締めるというスタイルである。

　シビックテック実践者だけでなく，それに近い活動をしている人も多く招き，シビックテックの広がりを意識した構成となっている。また，参加者は全国から集まっている。

　記録にこだわり，ほぼすべての講演がブログとしてログ化されているので，振り返りができるのも特徴である[1]。

3 イベント形式 参加型

CIVIC TECH FORUM の様子(写真提供:CIVIC TECH FORUM 運営委員)

イベントの概要

主催者	CIVIC TECH FORUM 運営委員
開催頻度	年 1 回
開催日	土曜,日曜もしくは休日
イベントの所要時間・期間	1 日
イベント開催コストと備品	単一のイベントなので主催者に任せる
参加対象者	地域の住民,地域に興味がある人,オープンデータに興味がある人,シビックテックに興味がある人,行政職員
イベント参加費	2000 円〜 4000 円ほど(昼軽食・懇親会費込)
目的	シビックテックの普及と活動推進。他の地域の活動状況の共有,地域の連携,仲間作り
プログラム例	1. 開場,受付 2. オープニング 3. 基調講演 4. セッション講演 5. 昼食休憩 6. セッション講演 7. アンカンファレンス(創造的井戸端会議) 8. クロージング 9. 懇親会・勝手にシビックテック表彰
備考	なし

---

1) 2015 年 CTF の記録をまとめた CIVIC TECH FORUM 2015 特設サイトは http://fin.der.jp/civictechforum2015/,2016 年の記録は http://www.civicwave.jp/archives/52130062.html,2017 年の記録は http://www.civicwave.jp/archives/52152674.htm

過去に開催された CIVIC TECH FORUM のサイト
CIVIC TECH FORUM 2018（http://2018.civictechforum.jp/）
CIVIC TECH FORUM 2017（http://civictechforum.jp/）
CIVIC TECH FORUM 2016（http://civictechforum.jp/2016/）
CIVIC TECH FORUM 2015（https://wired.jp/special/ctf2015/）
CIVIC TECH FORUM @九州 2016（http://peatix.com/event/179588）
CIVIC TECH FORUM @東海 2016（http://peatix.com/event/178355）
CIVIC TECH FORUM @千葉・茨城 2016（http://peatix.com/event/188715）

❸ CODE for JAPAN SUMMIT

　CODE for JAPAN SUMMIT（コード・フォー・ジャパン サミット）は，一般社団法人コード・フォー・ジャパン（Code for Japan〔CfJ〕）が主催しているイベントである。2014 年を初回開催として毎年開催されており，シビックテックの普及と活動推進，他の地域の活動状況の共有，地域の連携，仲間作り等を目的にしている。

　コード・フォー・ジャパンが連携している，Code for America（CfA）等の海外のシビックテック団体からゲストを迎えての基調講演，各地のシビックテックの事例紹介，ワークショップを行い，イベント自体は数日間に渡って開催され，併設やプレイベントもさまざまに開催されている。

　イベントのセッションは，主催者が企画するものだけでなく，一般からも募集を受け付けている。

　イベント参加者は，シビックテックに取り組んでいる日本全国のシビックテック団体，シビックテックに興味がある人，行政職員，学生等であり，コード・フォー・ジャパン・ブリゲイド（Code for Japan Brigade〔連携団体〕），シビックテック団体，エンジニア，デザイナー，地域住民，行政機関，教育関係者の交流の場でもある。

3 イベント形式 参加型

CODE for JAPAN SUMMIT 2017 のサイト（https://summit2017.code4japan.org/）

イベントの概要

主催者	一般社団法人 コード・フォー・ジャパン
開催頻度	年1回（9月〜11月）
開催日	金曜，土曜，日曜もしくは休日
イベントの所要時間・期間	2日〜3日
イベント開催コストと備品	単一のイベントなので主催者に任せる
参加対象者	地域の住民，地域に興味がある人，オープンデータに興味がある人，シビックテックに興味がある人，行政職員
イベント参加費	参加費は無料，昼食費・懇親会費は別途各自で必要
目的	シビックテックの普及と活動推進。他の地域の活動状況の共有，地域の連携，仲間作り
プログラム例	1. 開場，受付 2. オープニング 3. 基調講演 4. セッション講演，ワークショップ 5. 昼食休憩 6. セッション講演 7. アンカンファレンス，ワークショップ 8. クロージング 9. 懇親会
備考	なし

Civic Tech 41

第 2 章　シビックテックをはじめよう

過去に開催された CODE for JAPAN SUMMIT のサイト
CODE for JAPAN SUMMIT 2017（https://summit2017.code4japan.org/）
CODE for JAPAN SUMMIT 2016（http://summit2016.code4japan.org/）
CODE for JAPAN SUMMIT 2015（http://summit2015.code4japan.org/）
CODE for JAPAN SUMMIT 2014（http://summit2014.code4japan.org/）

4　ワークショップ形式

「ワークショップ形式」は参加者が一方的に講義を聞くのではなく，参加者自身が作業等を行う体験型イベントである。

❶ ウィキペディアタウン

　ウィキペディアタウン（Wikipedia Town）は，地域の情報を調べ，歴史的文化財や観光名所等の地域の情報をインターネットの百科事典である「ウィキペディア」に執筆するワークショップの種類である。ワークショップではグループに分かれてグループごとに一つの記事を担当して執筆し，1日で街歩き，講習，文献調査，執筆までを行う。絞り込んだテーマを決めてワークショップを開催することもある。
　ワークショップでは下記のような成果が期待できる。
・地域資料の再発見と利活用促進
・地域情報の発信と再発見
・IT・ネットリテラシーの理解向上
・著作権の理解向上
・地域の人たちとの交流
・参加者の読解力と書く力の向上
・地域を好きになること
　ウィキペディアを執筆するには，ウィキペディアの五本の柱「ウィキペディアは百科事典です」「ウィキペディアは中立的な観点に基づきます」「ウィキペディアの利用はフリーで，誰でも編集が可能です」「ウィキペディアには行動規範があります」「ウィキペディアには，確固としたルールはありません」と，

4 ワークショップ形式

ウィキペディアの内容に関する三大方針「中立的な観点」「検証可能性」「独自研究は載せない」を理解する必要があり，ワークショップを主催する場合にはウィキペディアの編集に精通している人のサポートが必須である。

ウィキペディアタウンの様子（写真提供：CivicWave）

イベント概要の例

主催者	地域団体，シビックテック団体，オープンデータ関連団体，行政機関，図書館
開催頻度	不定期
開催日	土曜，日曜もしくは休日
イベントの所要時間・期間	1日〜2日
イベント開催コストと備品	会場費，プロジェクター，WiFi設備，電源アダプター，マイク，パソコン，スマートフォン，カメラ
参加対象者	地域の住民，地域の歴史，文化情報に興味がある人，行政機関関係者，図書館関係者，教育機関関係者
イベント参加費	無料〜1000円
目的	地域の名所旧跡などの歴史・文化情報を調査し地域の情報発信をすることで，地域に興味を持ってもらう
プログラム例	1. オープニング，自己紹介 2. ウィキペディアとウィキペディアタウンの説明 3. 執筆対象の説明 4. チーム分け 5. 現地調査，写真撮影 6. ランチ 7. ウィキペディア編集方法の説明 8. 図書館で郷土資料調査 9. ウィキペディア執筆作業 10. グループごとによる成果共有 11. クロージング
備考	なし

Civic Tech

第 2 章　シビックテックをはじめよう

参考ウェブサイト

プロジェクト：アウトリーチ／ウィキペディアタウン（https://ja.wikipedia.org/wiki/ プロジェクト:アウトリーチ／ウィキペディアタウン）

プロジェクト：アウトリーチ／ウィキペディアタウン／アーカイブ（https://ja.wikipedia.org/wiki/ プロジェクト:アウトリーチ／ウィキペディアタウン／アーカイブ）

Wikipedia：オフラインミーティング／関西／ウィキペディアタウンサミット 2017 京都（https://ja.wikipedia.org/wiki/Wikipedia: オフラインミーティング／関西／ウィキペディアタウンサミット_2017_京都）

ウィキペディア街道プロジェクト（https://wikipedia-kaido.github.io/）

❷ オープンストリートマップ・マッピングパーティ

街歩きで思わぬものを見つけることも
（写真提供：オープン川崎）

オープンストリートマップ（OpenStreetMap〔OSM〕）・マッピングパーティは，地域や絞り込んだテーマで，誰でも自由に地図を作成することができるオープンストリートマップを使ってオンライン上に地図を作成するワークショップである。マッピングパーティは，街歩きをしながら発見したことやお店や道路の情報を地図に書き込んだりまとめたりすることを 1 日で行うワークショップである。オープンストリートマップはウィキペディアの地図版とも言われている。

ワークショップでは下記のような成果が期待できる。

・地域資料の再発見と利活用促進
・地域情報の発信と再発見
・IT・ネットリテラシーの理解向上
・著作権の理解向上

・地域の人たちとの交流
・地域を好きになること

　オープンストリートマップ・マッピングパーティは，初心者のために，地図の編集方法やツールの使い方等のレクチャーや熟練者のサポートがあることが望ましい。

　また，オープンストリートマップのマッピングとともに，位置情報付きの写真を共有するサービスである Mapillary（マピラリー）を使って，スマートフォンのカメラや360度カメラから位置情報付きの写真を Mapillary に送信して「ユーザー自身が作成するストリートビュー」を作成することもできる。

イベント概要例

主催者	地域団体，シビックテック団体，オープンデータ関連団体，行政機関
開催頻度	不定期
開催日	土曜，日曜もしくは休日
イベントの所要時間・期間	1日
イベント開催コストと備品	会場費，プロジェクター，WiFi設備，電源アダプター，マイク，パソコン，マウス，スマートフォン，カメラ
参加対象者	地域の住民，地域に興味がある人，行政機関関係者，教育機関関係者
イベント参加費	無料〜1000円
目的	街歩きをしながら地域を調べることで地域に興味を持ってもらう。地域の最新情報を発信する。
プログラム例	1. オープニング，自己紹介 2. オープンストリートマップとマッピングパーティ，Mapillaryの説明 3. 担当地域のチーム分け 4. 現地調査，写真撮影，Mapillaryの撮影 5. ランチ 6. オープンストリートマップの編集方法の説明 7. オープンストリートマップ編集作業 8. グループごとによる成果共有 9. クロージング
備考	なし

参考ウェブサイト

OpenStreetMap Japan イベント（https://openstreetmap.jp/eventlist）
東京！　街歩き！　マッピングパーティ（https://openstreetmap.connpass.com/）

第2章 シビックテックをはじめよう

寸又峡温泉マッパソン（https://connpass.com/event/70628/）
オープンストリートマップ（OpenStreetMap〔OSM〕）(https://www.openstreetmap.org/）
オープンストリートマップ財団（OSMF）(http://wiki.osmfoundation.org/）
一般社団法人オープンストリートマップ・ファウンデーション・ジャパン（OSMFJ）（http://www.osmf.jp/）
Mapillary（https://www.mapillary.com/）
Mapillary 勉強会(https://www.facebook.com/groups/Mapillary.Study/）

❸ ローカルウィキ

　ローカルウィキ（LocalWiki）は，地域の情報を誰でも自由に書き込むことができる LocalWiki というツールを使った，地域情報を発信するワークショップの一種である。ワークショップでは，グループに分かれてテーマごとに記事を担当し，街歩き，調査，執筆までを行う。また地域のページ全体の編集会議を行うこともある。

　LocalWiki は，ウィキペディアに似たような仕組みであるが，ウィキペディアとの違いは「主観を入れられる」ことである。ウィキペディアは百科事典であり，客観的な出典をもとに執筆されなければならない。また，OpenStreetMap も事実情報しか記述できない。

　LocalWiki はそういった制約はないので自由に地域情報を書き込むことができる。ウィキペディアに記述できない主観的な地域情報を記述できる。

　ワークショップでは下記のような成果が期待できる。
・地域情報の発信と再発見
・IT・ネットリテラシーの理解向上
・地域の人たちとの交流

ローカルウィキで一人飲みできるお店に出会う
（写真提供：LocalWiki 武蔵小杉）

4 ワークショップ形式

・地域ならではのローカル情報発信
・地域を好きになること

　ローカルウィキは，テンプレートやフォーマット等はなく自由に記述することができる。そのために記事構成がわかりにくかったり，記事の大きさがそろわなくなりやすいので，ページ全体の編集方針を策定する編集会議を行うことが望ましい。

イベント概要の例

主催者	地域団体，シビックテック団体，オープンデータ関連団体，行政機関
開催頻度	不定期
開催日	土曜，日曜もしくは休日
イベントの所要時間・期間	1日
イベント開催コストと備品	会場費，プロジェクター，WiFi 設備，電源アダプター，マイク，パソコン，マウス，スマートフォン，カメラ
参加対象者	地域の住民，地域に興味がある人，行政機関関係者，教育機関関係者
イベント参加費	無料〜1000円
目的	街歩きをしながら地域を調べることで地域に興味を持ってもらう。地域でしかわからない地域情報を発信する。
プログラム例	1. オープニング，自己紹介 2. ローカルウィキと編集方針の説明 3. 担当地域のチーム分け 4. 現地調査，写真撮影 5. ランチ 6. ローカルウィキの編集方法の説明 7. ローカルウィキ編集作業 8. グループごとの成果共有 9. クロージング
備考	なし

参考ウェブサイト

LocalWiki Organization Japan（https://ja.localwiki.org/）
Hack the terroir!! 農業系オープンデータワークショップ（https://ja.localwiki.org/iwamizawa/Hack_the_terroir!! 農業系オープンデータワークショップ）
LocalWiki 室蘭（https://ja.localwiki.org/mr/）
写真で紐解くたまがわ（https://ja.localwiki.org/dt07/）

第 2 章　シビックテックをはじめよう

❹ CoderDojo

　CoderDojo（コーダー道場）は子どものための非営利なプログラミング道場である。2011 年にアイルランドで始まり，世界で 85 カ国，1600 道場，日本で 140 以上の道場がある（2018 年 5 月 28 日現在）。

　コーダー道場は自発的に活動して仲間同士で学び教え合う場所であり，プログラミング教室のように講義式で学習する教室ではない。

　各道場は「CoderDojo 憲章」の「保護者が道場に参加することを推奨」「参加費無料」等に同意することが求められている。

　各道場で学ぶ内容やその方法は自由であり，各道場で内容が異なる。

　学べる内容の代表的な例としては下記がある。

- スクラッチ（Scratch），アワーオブコード（Hour of Code）を使ったプログラミング
- Arduino，Raspberry Pi，IchigoJam を使ったプログラミング
- HTML, CSS, JavaScript

　コーダー道場では参加者や運営者を下記のように呼んでいる。
- プログラミングをする場所：道場（Dojo）
- 参加している子供たち：ニンジャ（Ninjya）
- ニンジャの指導者：メンター（Mentor）
- 道場運営者：チャンピオン（Champion）

イベント概要の例

主催者	地域団体，シビックテック団体，IT 関係者，IT コミュニティ
開催頻度	不定期
開催日	平日，休日を問わない
イベントの所要時間・期間	2 時間
イベント開催コストと備品	会場費，プロジェクター，WiFi 設備，電源アダプター，マイク，パソコン，マウス
参加対象者	おおよそ 7 歳～17 歳の子供
イベント参加費	無料

4 ワークショップ形式

CoderDojo の様子（写真提供：CoderDojo 水戸道場）

目的	プログラミングの学習をすることで，論理的思考力や創造性，問題解決力の考え方を養い，プログラミングを好きになってもらう
プログラム例	1. オープニング，自己紹介 2. コーダー道場の説明 3. 各自パソコンで作業 4. 成果共有 5. クロージング
備考	初心者の方には「体験コーナー」等がある道場もある

参考ウェブサイト

CoderDojo（https://coderdojo.com/）

CoderDojo Japan（https://coderdojo.jp/）

CoderDojo 憲章の日本語訳（https://coderdojo.jp/docs/charter）

CoderDojo 水戸道場（https://coderdojo-mito.com/）

❺ アイデアソン

　アイデアソン（Ideathon）はアイデア（Idea）とマラソン（Marathon）を組み合わせた造語である。テーマに従って個人やチームが新しいアイデアを出し合うワークショップの一種である。アイデアソンの実施後にハッカソンを実施することも多い。

第2章　シビックテックをはじめよう

　アイデアソンは，もともとはITの分野で行われていたが，現在は主催者の目的により多種多様であり，さまざまな目的で開催されている。
　生み出したアイデアの権利等の取扱いは主催者の方針によって異なり，参加規約で定められている。
　アイデアソンでは下記のような成果が期待できる。
・新規アイデアが生まれる
・異世代・異業種の人からの新しい発見
・新しい製品や機能に関するアイデアやヒントの発掘
・地域課題の課題解決のアイデア
・ハッカソンで開発するテーマやアイデアを決定する
・参加者同士の交流

イベント概要の例

主催者	シビックテック団体，行政機関，民間企業，ITコミュニティ，オープンデータ関連団体
開催頻度	不定期
開催日	休日に開催されることもあるが，平日夜に行われることもある。平日や休日の昼間は，子育て中のママが参加しやすい。平日の夜の場合は，サラリーマンが会社帰りでも参加しやすい。
イベントの所要時間・期間	半日〜1日
イベント開催コストと備品	会場費，プロジェクター，マイク，模造紙，付箋紙，ペン，名札，A4の紙，セロテープ
参加対象者	テーマに興味のある人，テーマに課題を持っている人，新規事業開発者，起業家
イベント参加費	無料〜1000円
目的	多種多様な人が集まり，各自の経験や知識から短期間でアイデアを創成する。
プログラム例	1. オープニング 2. アイデアソン趣旨説明 3. テーマ説明 4. テーマに関する情報を提供 5. アイスブレイク（頭の準備体操） パターンA 　A-1. テーマ等でグループ分け 　A-2. 各自がアイデアを考える

4　ワークショップ形式

アイデアソンの様子（写真提供：MashupAwards）

	A-3. アイデアをグループ内で共有し議論する A-4. グループ外の人と議論しアイデアを更新する パターン B B-1. 各自がアイデアを考える B-2. 各自が自分のアイデアを発表する B-3. 発表されたアイデアをもとにグループ分けをする B-4. グループ内でアイデアを議論する 6. アイデアの発表・共有 7. クロージング
備考	なし

参考ウェブサイト

シビックテック・アイデアソン！ in OSC2017 Nagoya（https://peatix.com/event/261603）

オープンデータ・アイディアソン in Tsukuba 第二回（https://codeforibaraki.org/2017/10/29/opendataideathonintsukubano2/）

Google アイデアソン 運営ガイド（https://sites.google.com/site/devreljp/Home/hackathon-in-a-box/ideathon-guiede）

Civic Tech　51

第2章　シビックテックをはじめよう

ハッカソン／メイカソン参加同意書と終了後の確認書およびFAQ（https://github.com/IAMAS/makeathon_agreement）

❻ ハッカソン

ハッカソン（Hackathon）はハック（Hack）とマラソン（Marathon）を組み合わせた造語である。特定のテーマやアイデアに従い，おもにデベロッパー（エンジニア，デザイナー等）がチームを組み，1日～1週間の短期間に集中

ハッカソンの様子（写真提供：MashupAwards）

52　Civic Tech

4 ワークショップ形式

してサービスやアプリケーションを開発しその成果を競い合うイベントの一種である。

ハッカソンは，もともとITのデベロッパーが腕試しをしたり，最新技術に触れ普段の仕事や生活では得られない体験をすることを目的に開催されていたが，現在では新しいサービスの開発から，ビジネスモデルの構築，地域課題を解決するアイデアのプロトタイプ作成までと，幅広い目的で開催されている。またハッカソンやアイデアソンをイベントで終わらせないために継続開発ができる仕組みを用意している場合もある。

イベントで開発した製品の権利等の取扱いは主催者の方針によって異なり，参加規約で定められている。

ワークショップでは下記のような成果が期待できる。
・アイデアの実現性の確認
・新しい製品や機能に関するプロトタイプの作成
・アイデアソンのアイデアの具体化
・参加者同士の交流

イベント概要の例

主催者	シビックテック団体，行政機関，民間企業，ITコミュニティ，オープンデータ関連団体
開催頻度	不定期
開催日	アイデアソンと連続したハッカソンの場合，開発時間の確保のため，土日に連続して行われることが多い。
イベントの所要時間・期間	1日〜1週間
イベント開催コストと備品	会場費，プロジェクター，WiFi設備，電源アダプター，マイク，模造紙，付箋紙，ペン，名札，A4の紙，セロテープ，パソコン，スマートフォン，カメラ
参加対象者	テーマに興味のある人，テーマに課題を持っている人，新規事業開発者，起業家
イベント参加費	無料〜1000円
目的	提供されたアイデアやテーマをもとに短期間でプロトタイプを開発する
プログラム例	1. オープニング 2. ハッカソン趣旨説明 3. アイデアソン等のテーマ説明

第 2 章　シビックテックをはじめよう

	4. チーム分け 5. チーム内で担当とタスクを決める 6. ランチ 7. チームで開発作業 8. 成果物の発表または共有 9. 成果物の評価 10. クロージング
備考	なし

参考ウェブサイト

Space Apps Challenge Tokyo（http://tokyo.spaceappschallenge.org/）
世界防災・減災ハッカソン（http://raceforresilience.org/）
Yahoo! JAPAN HACKDAY（https://hackday.jp/）
Hackathon in a Box（https://sites.google.com/site/devreljp/Home/hackathon-in-a-box）
ハッカソン／メイカソン参加同意書と終了後の確認書および FAQ（https://github.com/IAMAS/makeathon_agreement）

❼ まちあるき写真投稿マッピング

　まちあるき写真投稿マッピングは，地域の情報を知り新しい発見をするために，街歩きをしながら写真撮影をして，ツイッターやフェイスブック等の SNS に写真投稿をしたり，ウェブや紙の地図に写真をマッピングするワークショップである。

　ワークショップでは下記のような成果が期待できる。

・地域情報の発信と再発見
・IT・ネットリテラシーの理解向上
・地域の人たちとの交流
・参加者同士の交流
・地域を好きになる

4　ワークショップ形式

街歩きでの発見は楽しい（写真提供：オープン川崎）

イベント概要の例

主催者	シビックテック団体，ITコミュニティ，オープンデータ関連団体，市民団体
開催頻度	不定期
開催日	土曜，日曜もしくは休日
イベントの所要時間・期間	1時間〜半日
イベント開催コストと備品	会場費，プロジェクター，WiFi設備，電源アダプター，マイク，パソコン，スマートフォン，カメラ
参加対象者	地域の住民，地域に興味がある人，地域の歴史や観光名所，文化遺産に興味がある人
イベント参加費	無料〜1000円
目的	街歩きをしながら地域の写真撮影をすることで新しい発見をし，地域に興味を持ってもらう。地域の最新情報を発信する。
プログラム例	1. オープニング，自己紹介 2. イベントの説明 3. 担当地域のチーム分け 4. 街歩きをしながら写真撮影をする 5. 撮影したデータの整理 6. グループごとによる成果共有 7. クロージング
備考	なし

Civic Tech 55

第2章　シビックテックをはじめよう

参考ウェブサイト

横浜珍百景（http://yokohama-ap.jp/?p=2256）（https://www.facebook.com/events/1597342596976315/）

新潟「再発見」マッピングパーティ（テーマ：トマソン）（http://www.codeforniigata.org/?p=194）

キロク乃キオク（http://kirokio.howmori.org/）

シェアカルまち歩きシリーズ②トマソンを観測する（https://www.facebook.com/events/148208939116055/）（http://www.tokyuensen.com/resource/event/img/2017/1710_034.pdf）

5　コンテスト形式

「コンテスト形式」は参加者が自ら作品を作成し応募するもので，優秀な作品には賞が与えられる．

❶ アーバンデータチャレンジ

アーバンデータチャレンジ（Urban Data Challenge〔UDC〕）は，2013年から毎年開催されているコンテストである．地方自治体・企業・大学・市民等がデータを活用して地域課題の解決を目指すもので，年間を通じてイベントが開催されるコミュニティ形成型コンテストである．

キーワードは「｛都市・まち｝の情報」× オープンデータ×シビックテック．

年度末にコンテスト・表彰を行うだけでなく，全国の都道府県を「地域拠点」として，年間を通じて交流型ワークショップ（勉強会・アイデアソン・ハッカソン等）の基礎的な活動を行い，多様なステークホルダーによる，持続的なコミュニティの形成・成長を目的としている．

地域拠点

地域拠点制を導入し，全国の都道府県の各拠点が地域の核となって活動をしている．地域拠点の主な役割は下記の通りである．

・各地域でのイベント（勉強会・アイデアソン・ハッカソン等）の開催と運営

5　コンテスト形式

アーバンデータチャレンジのウェブサイト（http://urbandata-challenge.jp/）

・コンテストへの作品応募に向けた支援
・データの加工・提供・利活用に関する支援，公共データのオープンデータ化に向けた支援
　なお，2017年度は40の地域拠点が活動をしている。

コンテスト表彰

　コンテストは四つの部門で募集され，応募作品の中から優秀な作品に賞金付きの賞が与えられる。2017年度は賞金総額が200万円であった。
・アプリケーション部門：地域課題の解決が目的のツール・アプリケーション・サービスを対象とする。
・データ部門：地域課題の解決が目的のデータ・セットが対象。新規に作成したものだけではなく，オープンデータ等を加工したものも対象とする。
・アイデア部門：地域課題の解決が目的の，アプリケーション，データ，アクティビティなどのアイデアを対象とする。
・アクティビティ（地域活動）部門：地域課題を解決するための創意工夫のある取り組みや活動を対象とする。

Civic Tech

第 2 章　シビックテックをはじめよう

イベント概要の例

主催・共催	一般社団法人社会基盤情報流通推進協議会 東京大学生産技術研究所・関本研究室 東京大学空間情報科学研究センター・グローバル G 空間情報寄附研究部門
開催頻度	年 1 回
開催日	平日，休日を問わない
イベントの所要時間・期間	4 月～ 12 月
イベント開催コストと備品	アーバンデータチャレンジのイベント：主催者に任せる 各地のイベント：会場費，プロジェクター，WiFi 設備，電源アダプター，マイク，パソコン，スマートフォン，カメラ
参加対象者	地域拠点：自治体，地域住民，シビックテック団体，オープンデータ関連団体 各地のイベント：地域の住民，地域に興味がある人，オープンデータに興味がある人，シビックテックに興味がある人，行政職員
イベント参加費	無料
目的	地域課題の解決を目的に，地域のキーパーソンが中心となって公共データを活用したイベントを年間を通して開催し，持続的なコミュニティの形成・成長を促す。
プログラム例	4 月：地域拠点募集 5 月：地域拠点締切 7 月：キックオフシンポジウム 11 月：中間シンポジウム 12 月：作品エントリー締切 1 月：作品応募締切 2 月：最終報告・審査会
備考	なし

参考ウェブサイト

アーバンデータチャレンジ（http://urbandata-challenge.jp/）
アーバンデータチャレンジ データ提供サイト（http://udct-data.aigid.jp/）
一般社団法人社会基盤情報流通推進協議会（AIGID）（http://aigid.jp）
東京大学生産技術研究所・関本研究室（http://sekilab.iis.u-tokyo.ac.jp/）
東京大学空間情報科学研究センター（http://www.csis.u-tokyo.ac.jp/）

❷ チャレンジ‼ オープンガバナンス

　チャレンジ‼ オープンガバナンス（Challenge Open Governance〔COG〕）は，

5 コンテスト形式

チャレンジ!! オープンガバナンス 2017 のウェブサイト（http://park.itc.u-tokyo.ac.jp/padit/cog2017/）

2016 年から毎年 1 回開催されているコンテストで，自治体の提示する地域課題の解決に市民がデータ分析や活用により取り組むアイデアコンテストである。

地域課題は自治体が提示し，その解決のためのアイデア考案は，市民または学生がチームで取り組む。市民（学生）は地域課題の解決に自分の問題として取り組むことが期待され，自治体はこれを支えるプラットフォームとして，データの提供や知識の提供が期待される。

チームは市民だけのチーム，学生だけのチームまたは市民と学生の混在チームで応募可能ではあるが，一人だけの応募はできない。また，課題を提示した自治体の在勤者・在住者がリーダーになるのが必須要件でもある。

最終公開審査対象となったアイデアは，実現を期待して，一年後，二年後にその進化のプロセス，実施のプロセスの報告を求めている。

コンテスト表彰
コンテストでは，5 つの賞が与えられる。
・オープンガバナンス総合賞：市民／学生チームとそれをサポートする自治体が対象。アイデアと連携体制を評価する。
・アイデア賞：市民／学生チームが対象。アイデアを評価する。

Civic Tech 59

第 2 章　シビックテックをはじめよう

・連携体制賞：自治体が対象。自治体のプラットフォームを評価する。
・学生賞：学生が対象。スポンサーで名称が変わる。これまでは Accenture Citizen First Youth 賞という名称。
・ハーバード・アッシュセンター特別イノベーション賞：連携先のハーバード・アッシュセンターが選ぶ賞。

　なお，最終公開審査対象に残らなかったチームから，ミニプレゼン対象，ポスター展対象が選定され，最終公開審査と並行してイベントが開催される。

イベントの概要

主催・共催・連携	東京大学公共政策大学院「情報通信技術と行政」研究プログラム（PadIT） 東京大学ソーシャル ICT グローバル・クリエイティブリーダー育成プログラム（GCL） The Ash Center for Democratic Governance and Innovation at the John F. Kennedy School of Government at Harvard University
開催頻度	年 1 回
開催日	平日，休日を問わない
イベントの所要時間・期間	6 月～翌年 4 月
イベント開催コストと備品	主催者などで分担
参加対象者	自治体職員，学生，地域の住民，地域に興味がある人，シビックテックに興味がある人
イベント参加費	無料
目的	データの分析や活用により地域課題の解決に自分の問題として取り組む市民や学生が増えることと，これを支えるプラットフォームとなる自治体が増えていくこと
プログラム例	6 月～8 月：自治体からの地域課題の募集 9 月～12 月：市民／学生の解決アイデアの募集 1 月：書類審査 3 月：最終公開審査と関連イベント 4 月：改善へのアドバイス
備考	なし

参考ウェブサイト

チャレンジ!! オープンガバナンス 2018（http://park.itc.u-tokyo.ac.jp/padit/cog2018/）

チャレンジ!! オープンガバナンス 2017（http://park.itc.u-tokyo.ac.jp/padit/cog2017/）

チャレンジ!! オープンガバナンス 2016（http://park.itc.u-tokyo.ac.jp/padit/cog2016/）

東京大学公共政策大学院「情報通信技術と行政」研究プログラム（PadIT）（http://bettergovernment.jp/）

東京大学ソーシャル ICT グローバル・クリエイティブリーダー育成プログラム（GCL）（https://www.gcl.i.u-tokyo.ac.jp/）

The Ash Center for Democratic Governance and Innovation at the John F. Kennedy School of Government at Harvard University（https://ash.harvard.edu/）

❸ LOD チャレンジ

　LOD チャレンジ（Linked Open Data Challenge Japan）は，2011 年から毎年開催されている，オープンデータを含む幅広いデータの利活用と作成等の取り組みを表彰するコンテストである。LOD チャレンジでは，リンクトデータ（Linked data）の普及とともに，データがリンクトデータとなる技術支援やデータをきっかけとしたコミュニティ形成の支援をしている。

　作品募集期間には「LOD チャレンジデー」と称するセミナー，勉強会，アイデアソン，ハッカソン等を開催している。

　また作品制作に必要なデータやリソースはデータ提供パートナーや基盤提供パートナー等から提供されるとともにすでに応募された他の作品を利用することもできる。

コンテスト表彰

　コンテストは，五つの部門で募集され，応募作品の中から優秀な作品に賞金付きの賞が与えられる。
・アイディア部門：データを利用したアプリケーションやサービスのアイディアを対象とする。
・データセット部門：新規または既存のデータを加工したデータを対象とする。

第 2 章　シビックテックをはじめよう

LOD チャレンジ 2017 のウェブサイト（http://2017.lodc.jp/）

- アプリケーション部門：データを利用したアプリケーションやサービスを対象とする。
- ビジュアライゼーション部門：データを可視化したり，その価値や面白さを表現した作品を対象とする。
- 基盤技術部門：データを利用するための基盤となるツールやフレームワークを対象とする。

イベントの概要

主催	LOD チャレンジ Japan 実行委員会
開催頻度	年 1 回
開催日	平日の夜，もしくは休日
イベントの所要時間・期間	9 月～3 月
イベント開催コストと備品	単一のイベントなので主催者に任せる
参加対象者	エンジニア，オープンデータおよび Linked Open Data に興味がある人
イベント参加費	無料
目的	オープンデータおよび Linked Open Data の公開と活用の技術の普及促進

プログラム例	9月：キックオフシンポジウム 10月〜1月：作品募集 3月：授賞式シンポジウム
備考	なし

参考ウェブサイト

LOD チャレンジ 2018（http://2018.lodc.jp/）
LOD チャレンジ 2017（http://2017.lodc.jp/）
LOD チャレンジ 2016（http://2016.lodc.jp/）
LOD チャレンジ 2015（http://lodc.jp/2015/concrete5/）
LOD チャレンジ 2014（http://lod.sfc.keio.ac.jp/challenge2014/）
LOD チャレンジ 2013（http://lod.sfc.keio.ac.jp/challenge2013/）
LOD チャレンジ 2012（http://lod.sfc.keio.ac.jp/challenge2012/）
LOD チャレンジ 2011（http://lod.sfc.keio.ac.jp/challenge2011/）
特定非営利活動法人リンクト・オープン・データ・イニシアティブ（http://linkedopendata.jp/）
一般社団法人人工知能学会セマンティックウェブとオントロジー研究会（http://www.sigswo.org/）

❹ マッシュアップアワード シビックテック部門賞

　マッシュアップアワード（MashupAwards〔以下 MA〕）は，2006 年から開催され，2017 年で 12 年目，13 回目を迎える日本最大級の開発コンテストである。主催は MashupAwards 運営委員会である。

　2017 年は賞金総額が 400 万円と高額で，賞の数も約 80 と多いのも特徴である。マイクロソフト，IBM，NTT ドコモなど，60 社を超えるテクニカルパートナーとともにコンテストを盛り上げ，全国でハッカソンなどのイベントも開催している。応募作品は，毎年 400 作品前後。

　多様な作品を受け入れるため，2013 年から部門賞が設けられた。シビックテック（CIVICTECH）部門賞はその中の一つであり，審査基準は以下の通りである。

・CIVICTECH 度：市民の課題を解決する。誰でも使える。社会をよくする。

第 2 章 シビックテックをはじめよう

マッシュアップアワード 2017 のウェブサイト

・チャレンジ度：ぶっ飛び度，変化球，新規性，アイデア
・ギーク度：突き抜け度，こだわり度，完成度

　オープンデータ作品を対象としたコンテストは多いが，シビックテックを対象とした全国的なコンテストは，現在のところ MA の CIVICTECH 部門賞だけである。

　過去の受賞作品は，「にしてつバスナビ（旧バスをさがす福岡）」「台風リアルタイム・ウォッチャー」などである。

　自由な作品を求める開発コンテストの一部という位置付けだが，普段シビックテックに興味を持たない開発者などに興味を持ってもらう役割も果たしている。

イベントの概要

主催・共催・連携	MashupAwards 運営委員会
開催頻度	年 1 回
開催日	平日の夜，休日が多い
イベントの所要時間・期間	9 月〜 12 月

イベント開催コストと備品	単一のイベントなので主催者に任せる
参加対象者	エンジニア，法人
イベント参加費	無料
目的	日本最大級の開発コンテスト。 作品を生み出すことを楽しむ「ものづくりの祭典」であり，エンジニアのお祭り。
プログラム例	9月：応募開始 11月：応募締め切り 11月：準決勝進出連絡 12月：準決勝，決勝
備考	なし

参考ウェブサイト
マッシュアップアワード（http://we-are-ma.jp）
プロトペディア（ProtoPedia）（https://protopedia.net/）
にしてつバスナビ（旧バスをさがす福岡）（www.nishitetsu/bus/app/busnavi/）
台風リアルタイム・ウォッチャー（http://typhoon.mapping.jp）

6 シビックテックに役立つツール

本節ではシビックテック活動で役に立ちそうな技法・考え方，方法について紹介する。

❶ グラフィックレコーディング

　グラフィックレコーディング（Graphic Recording）は議論や対話を図示することで可視化して，共有する手法である。カンファレンスや議論の流れをリアルタイムに視覚化し，話の内容を絵や図にすることで関係や構造を整理して直感的にわかりやすくするものでもあり，議論の合意形成を促すことが可能となる。
　グラフィックレコーディングの特徴は，以下の通りである。
・簡潔な議事録代わりになる。
・イラストで可視化されているので振り返りやすい。

第 2 章　シビックテックをはじめよう

グラフィックレコーディングのイメージ（イラスト作成・提供：谷内千尋さん）

・参加者同士で内容を共有しやすく，意思疎通がしやすくなる。
・一枚の絵になっているので，写真で撮影してインターネットで拡散しやすい。
・カンファレンスや議論の内容を壁に貼ることで参加していない人に要点を伝えやすい。
・イベントが盛り上がる。

参考ウェブサイト
明日から使えるグラフィックレコーディング入門 How Graphic Recording（https://www.slideshare.net/ssuser2c01a3/schoo-graphic-recording-52048438）
グラフィック・レコーディング・ネットワーク(GRN)（https://graphicrecorders.net/）
グラフィックレコーディング勉強会（https://grarec.org/）

❷ セーフプレイス

イベント参加者が自由で安全な行動が取れるように，イベント内でセーフプレイス（倫理規範）という規則に従うことを求めるものである。コード・オブ・コンダクト（行動規範）と呼ばれることもある。

アンチハラスメントとして，誰に対してもフレンドリーで中立・中道で安全で快適な環境を提供できることを目指すもので，イベント参加者のみではなく，スタッフ，スピーカー，来賓者，一般参加者，その他のゲストを含む全員に従うことを求めるものである。

自分の意見や主張が否定されず尊重されることで安心して意見したり行動が取れるようにするもので，そこから場の一体感が生まれることも目指している。営利，宗教，政治または選挙活動を目的とした勧誘も禁止することが多い。

参考ウェブサイト

Code for America's Code of Conduct（https://github.com/codeforamerica/codeofconduct）

codeofconduct 日本語版（https://github.com/codeforjapan/codeofconduct）

Community Code of Conduct（https://communitycodeofconduct.com/）

Community Code of Conduct 日本語訳（https://gist.github.com/atsushieno/b6fa985354b5583f027d10618f6d1438）

❸ ワールドカフェ

ワールドカフェ（World Cafe）は，参加者同士が自分の意見を否定されず尊重される場でテーマに沿って自由に対話をする方法である。

ここでの話し合いは課題の解決や合意形成をするためのものではなく，多様な価値観を知り，参加者同士がお互いに理解することも目的である。

ワールドカフェのやり方は，数人の小グループに分かれて与えられたテーマに沿って話を数分（5分〜10分くらい）する。終了したらグループ内でホストを1名決め，その人がグループホストとしてグループに残りそれ以外のメンバーは別のグループへ移動する。これを1ラウンドとしてこれを数回繰り返す。

最初のラウンドで決めたグループホストは固定とし終了するまで変更しない。

ラウンドの最初ではグループホストがそのグループで何を話していたのかを説明する。

すべてのラウンドが終了したら，グループホストがまとめとしてグループで話していた内容を全員と共有する。

ワールドカフェを実施するときにはその目的を定義することが望ましい。たとえば，以下のような目的がありうるだろう。

・リラックスした雰囲気で新しい意見を引き出したい。
・全員に発言をしてもらいたい。
・多くの意見や考えを知りたい。
・新しい発見をしたい。
・参加者の相互理解をしたい。
・参加者の関係性を深めたい。

参考ウェブサイト
「OUR FUTURES」というプラットフォームサイトにあるワールドカフェの説明（https://www.ourfutures.net/session_methods/worldcafe）
the World Café（http://www.theworldcafe.com/）

コラム2

デザインシンキングの手法

福島健一郎

　シビックテックを実践する中で、「デザインシンキングという手法が有効だ」という声はよく聞く。このデザインシンキングとは何だろうか？
　デザインシンキングとは、いわゆる見た目のデザインという狭い範囲のことではなく、問題解決までのプロセスをどうとるかという思考法の一つで、デザイナーに限らずさまざまな人たちに役立つよう体系化されている。
　デザインシンキングは五つの基本プロセスに分かれている。対象となる事物や人に対して調査を実施し、観察しながら理解を進める「共感」、その結果をまとめて何が問題となっているかを考える「問題定義」、特定された問題に対して創造的なアイデアを考える「創造」、アイデアをさわって確認できるように実際に作り込む「プロトタイプ」、そして対象者にプロトタイプをさわってもらってフィードバックを得る「テスト」の五つだ。
　テストでフィードバックが得られることで、実際に創ってみたアイデアが問題解決をできているのを知ることができる。そして、それが観察になって再び「共感」というプロセスに戻ってサイクルが繰り返されることで、より精緻な「問題定義」が行われて確実な問題解決に結びついていく。このサイクルを少しでも早く回していくことで、早めに失敗して改善を行うことも可能になるだろう。
　この手法をシビックテックにも適用することで、市民の課題やこうありたいと考える方向について、空想ではなくしっかりとしたニーズに基づいて考えることができるようになる。そして、その解決法についてもプロトタイプを通して実際に試すことで、本当にそれが適したものだったかを考え、アイデアを積み重ねながら真に必要なものを創り出すことができるのだ。
　どうしようもないやっかいな課題はたくさんある。そういう場合、まず、その課題に直面している人たちや事物に焦点を当てて観察してみよう。そこからわかってくるものがあれば、きっと何かを試したくなるはずだ。それを実際に創ってみてすぐに試してみる。そうすることで、いつか課題解決可能なアイデアとモノができあがるだろう。
　そして、課題だけではない。シビックテックは本来、私たち市民が望む社会を創りあげるための道具であるはずだ。そう考えると、いまある社会に「どん

な価値を与えることができるか？」という視点でデザインシンキングの手法を使ってみてもいい。そうすれば，明確な課題がなくても，私たちにとってちょっと良い体験ができるモノを創り出せるかもしれない。それだって立派なシビックテックに違いない。

　デザインシンキングはまさにシビックテックにぴったりな手法と言えるだろう。

コラム3 シビックテック・プロジェクト・プランニング・キャンバス

小俣博司

　事業の要素を9個に分類して一枚の紙に「見える化」したビジネスモデルキャンバス（Business Model Canvas）というものがある。これは事業の内容を整理し把握するためのもので，『ビジネスモデル・ジェネレーション』（オスターワルダー＆ピニュール，翔泳社）という書籍で紹介されたものである。ビジネスモデルキャンバスを参考に起業家やビジネスマンの間ではリーンキャンバス（Lean Canvas）というものが生まれて，新規事業アイデアや新規事業計画書の作成，投資家への事業提案等に利用されている。

　アメリカのシビックテック団体 Open Austin のメンバーが，このビジネスモデルキャンバスを応用してシビックテック・プロジェクトプランニング・キャンバス（Civic Tech Project Planning Canvas）（以降シビックテックキャン

課題の説明 ・解決しようとしている課題は何か？ ・解決にあたっての障害は何か？			Name Team	シビックテック プロジェクト プランニングキャンバス
ユーザー、影響のある人々 ・誰がこのツール、プロジェクト、アプリを利用するのか？ ・ターゲットとなる典型的なユーザーからユーザーペルソナ、ユーザーストーリーを記述する。 ・誰にどのような影響をあたえるのか？ ・誰が一番喜ぶのか？ ・フィードバックはどこから得られるのか？	機能、提供する便益 ・このツール、プロジェクト、アプリはどんな機能を提供するのか？ ・プロジェクトが成功するために最も大切な機能や部分は何か？ ・ユーザーペルソナ、ストーリーのゴールやニーズにそれぞれの機能がどう役立つのか？ ・どのようにして便益を提供するのか？	必要な活動 ・どうやって、ツール、プロジェクト、アプリは実現できるのか？ ・プロジェクトの主要機能を実装するためのタスクをリストアップする。 ・いかにしてツール、プロジェクト、アプリをユーザーに届けるのか？ ・ユーザーをどうやって増やすのか？ ・開発のやる気をいかに維持するのか？ ・プロダクトをいかに維持していくのか？	パートナー ・プロジェクトを実現するために誰の助けが得られるのか？ ・必要なものを手に入れるのに既存の組織はどう役立つか？ ・プロジェクトを実現することに興味を持ちそうな他の組織はあるか？	
プロジェクト ・ユーザーのために何をつくるのか？ ・課題の記述とユーザーについていかに記述するか？ ・3ヶ月、6ヶ月、1年先のゴールもしくは成功の判断設定はどうするか？		必要となるもの ・主要なアクションをとるために何が必要となるのか？ ・課題解決に必要なデータやその分野の専門家が必要か？ ・どこからサポートを得ることが出来るか？ ・プロダクト要件を満たすためにもっとも適切なテクノロジーは何かを記述する。		

Original canvas has been created by Open Austin. Translated into Japanese by Code for Ibaraki.

シビックテック・プロジェクトプランニング・キャンバス（Code for Ibaraki のウェブサイト https://codeforibaraki.org/2015/12/09/civictechprojectplanningcanvas/ より）

Civic Tech　71

バス）というものを作成した。ビジネスモデルキャンバスは事業として利益を生み出すことを目的にしたものだが，シビックテックキャンバスはこれをシビックテック向けに応用したものである。

　英語版のオリジナルのシビックテックキャンバスはインターネット上で公開されている。

　日本語版は Code for Ibaraki の柴田重臣さんが翻訳してインターネットに公開しているので，それを利用するとよい。

シビックテックキャンバスで使う七つの要素
　シビックテックキャンバスの要素は七つある。
1. 課題の説明
・解決しようとしている課題の説明を記述する。
・課題を簡潔にわかりやすく記述する必要がある。課題が理解しにくい場合や間違って伝わる場合は，要点がまとまっていないかその課題自体が曖昧であるか，大きすぎて解決できないものと考える。
2. ユーザー，影響のある人々
・プロジェクトによって価値を受ける受益者や影響を受ける関係者を記述する。
・課題とは必ず誰かに対しての課題となっている。またその課題解決を望まない人々も存在するのでそういった人々も記述する。
3. 機能，提供する便益
・プロジェクトによってどんな価値や機能をユーザーに届けるのかを記述する。
・価値とはツールやアプリケーションを提供するだけではなくそれによってどんなものが提供されるかでありそれを記述する。
4. 必要な活動
・プロジェクトにおける具体的な施策（アクションプラン）を記述する。
・プロジェクトの具体的なタスク整理や継続的にプロジェクトを推進する方法を記述する。
5. パートナー
・プロジェクトの外部から得られる援助や協力を記述する。
・シビックテックは自分たち以外の人たちと協働できるかが重要となるので，そういった人々や会社や組織を記述する。

コラム3　シビックテック・プロジェクト・プランニング・キャンバス

6. プロジェクト
・プロジェクトのゴールや成功の判断基準を記述する。
・3カ月，6カ月，1年先にプロジェクトがどうなっているか等の，事業の進捗をふりかえる節目や中間目標点を設け，節目におけるプロジェクトの成功と撤退基準を記述する。

7. 必要となるもの
・プロジェクトに必要な資源（リソース）である「ひと・もの・金・ネットワーク」を記述する。
・どんな技術が必要なのか，どんな人が必要なのか，どんな物が必要なのかを記述する。

参考ウェブサイト
Civic Tech Canvas（https://cityofaustin.github.io/civic-tech-canvas/）
Civic Tech Canvas（日本語版）（https://goo.gl/v3Kiuf）
Open Austin（https://www.open-austin.org/）
Code for Ibaraki（https://codeforibaraki.org/）
CvicWaveの記事「7つの要素を書き出してシビックテックプロジェクトを分析するツール（柴田重臣）」（http://www.civicwave.jp/archives/52130027.html）

第3章
シビックテックの基盤となる オープンデータについて

福島健一郎

第3章 シビックテックの基盤となるオープンデータについて

1 政府・自治体が取り組むオープンデータの意義

　オープンデータとは誰もが自由に利用でき，再配布や再加工も可能なデータを言う。加えて大きな特徴としてコンピュータが処理しやすい形式，つまり機械可読性が高い形式であることも求められている。

　このオープンデータが広まったのは2003年，EUが発表したPSI-Reuse指令（公共部門が所有する情報の再利用に関する原則）がきっかけと考えられ，その後，アメリカのオバマ政権のオープンガバメントに関する覚書も発表されて，しだいに世界へと広がっていった。

　オープンデータの公開の意義は三つあると考えられる。それは「政府／自治体の透明化」，「市民参画」，「経済の活性化」の三つである。

　一つ目の「政府／自治体の透明化」は行政の視点であり，オープンガバメントと呼ばれる領域である。政府／自治体が持っているさまざまな情報は市民に対してオープンに公開していくことで透明性が高まっていくし，透明性が高まっていけば，その政策が正しいものなのかの判断がしやすくなる。そもそも市民の税金で整備されている情報を公開しない理由はないとも考えられる。

　また，政府／自治体自身にもメリットがある。これまでも情報公開制度を通して情報の公開を求められてきたが，こうしたデータをあらかじめオープンデータとして公開していくことで，問い合わせが減少し，行政の効率を改善することが可能になる。

　そういったことから，個人情報のような公開すべきではないものを除いて，原則オープンデータとして公開していこうという考えがあり，それは「Open By Default（原則としてオープンデータ）」と呼ばれている。

　二つ目の「市民参画」は一つ目の「政府／自治体の透明化」に対してコインの表裏のようなものだ。市民側の視点であり，市民が自ら政治や社会，地域運営に携わっていこうと考えたとき，それをしっかり判断するための材料がないと正しく判断できない。そのため，オープンデータがとても大事になってくる。

　また，判断だけではなく，市民が自ら社会の課題解決に関与していこうとしたとき，政府や自治体が持つデータを利用したい場合が出てくる。これまでは，

政府や自治体が持つデータは著作権で縛られていたため，必ず許諾を求めなければならなかったが，もしオープンデータになっていればそういった行為は不要になり，市民が積極的に社会課題解決に関わっていけるようになる。

市民にとってデータの許諾など気にせず，自由に利用できるという環境は，市民に自発的な社会参画を求めていくうえで，とても大事なものだ。

この部分こそがシビックテックの側面になるだろう。

三つ目の「経済の活性化」は，企業側の視点となる。政府／自治体が持つ多くのデータの中には，それを活用していくことでビジネス価値が生まれるものも多い。これまではお金をかけて集めてきたデータの一部が無料で手に入るだけでも価値があるし，それどころかこれまでは入手できなかったデータが手に入る可能性もある。

どういうデータをどう組み合わせてどんな風に使うかによって，新しいビジネスが生まれる可能性もあり，オープンデータを活用したビジネスはビックデータと合わせて，これから大きく期待できると考えられる。

2 日本政府と自治体におけるオープンデータの取り組み

日本では，2012年7月に「電子行政オープンデータ戦略」が策定された。これは，「透明性・信頼性向上」，「国民参加・官民協働推進」，「経済活性化・行政効率化」の三つを基本方針とし，オープンデータを活用していくことで政府の透明性向上はもちろんのこと，国民参加と官民協働の機会を創り出し，社会課題解決や新しいビジネスの創出にまでつなげていくことを目指している。

その後，2013年6月に閣議決定された「世界最先端IT国家創造宣言」では，2014年度と2015年度の二年間をオープンデータの集中的な取り組み期間と定めている。

同時に2013年6月に開催されたG8サミットで合意されたオープンデータ憲章では「原則としてオープンデータ」をはじめとして全部で五つの原則が示され，日本も含めたG8各国はこの原則を実施していくための行動計画を2013年末までに策定することが求められた。

それからの動きはとても速く，年末の12月20日に省庁が公開するオープン

第3章　シビックテックの基盤となるオープンデータについて

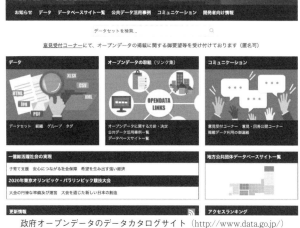

政府オープンデータのデータカタログサイト（http://www.data.go.jp/）

データのポータルサイトが試行運用され始めた。当初，重点分野と定められていた「予算・決算・調達情報」，「白書」，「防災・減災情報」，「地理空間情報」，「人の移動に関する情報」を中心に，公開できるものから公開を開始した。約9400データセットが登録され，現在は政府オープンデータのデータカタログサイトとして1万7000を越えるデータセットが公開され，正式運用されている。

さらに，国として共通語彙基盤の整備という事業も行われている。これは，官民にわたる多くの組織がオープンデータを利活用していくために，個々の単語について表記や意味，データ構造を統一していこうというものである。たとえば，市役所と表記するのか，市庁舎と表記するのかを統一したり，「市役所」は建物であると考えた場合，建物は本来どういった属性情報（住所や緯度経度，施設情報など）を持つものなのかを統一して定義していこうというものだ。こうすることで，全国各地で作られるオープンデータの構造が統一化され，相互利用が容易になっていく。そうなれば，オープンデータの利活用はますます進むに違いない。

また，国として自治体へオープンデータを広めていくための施策もとられている。たとえば，「オープンデータをはじめよう──地方公共団体のための最

2 日本政府と自治体におけるオープンデータの取り組み

共通語彙基盤の整備に取り組む IMI（情報共有基盤）のサイト（http://imi.go.jp/）

初の手引書」が 2015 年 2 月に公開されたが，ここにはオープンデータの意義はもちろん，実際に公開するための方法まで書かれ，付録として利活用事例が紹介されていて，自治体がオープンデータを始めていくための指南書の一つとなっている。

　市民により近いデータは自治体が持っている場合が多いため，自治体のオープンデータ化はとても大事なものになってくる。

　自治体では，2012 年 1 月に福井県鯖江市が国内では初めてオープンデータの取り組みを開始した。避難所や AED の情報，公園のトイレ情報などを公開し，そのデータの形式も XML や RDF といったデータの相互利用を意識していた。データシティ鯖江と言われるこの取り組みは注目され，先進事例として全国に紹介されることとなる。その後，福島県の会津若松市，千葉県の流山市，石川県の金沢市，神奈川県横浜市の金沢区などが続き，徐々に広がっていった。

　公開されているデータの多くは，公共施設，避難所，AED などの情報が圧倒的に多い。ただ，内閣官房 IT 総合戦略室の資料[1]によれば，オープンデータ化を進めている自治体は 2016 年末で自治体全体の 19 パーセント，計画中を入れても 32 パーセントであり，大多数の自治体は取り組みそのものも始めて

---

1) 内閣官房情報通信技術（IT）総合戦略室「オープンデータ参考資料集」（http://www.kantei.go.jp/jp/singi/it2/senmon_bunka/data_ryutsuseibi/jititai_swg_dai1/sankou3.pdf）。

第3章　シビックテックの基盤となるオープンデータについて

オープンデータをはじめよう
～ 地方公共団体のための最初の手引書 ～

内閣官房 情報通信技術（IT）総合戦略室

 本書は、クリエイティブ・コモンズ 表示4.0 国際（CC BY 4.0）にしたがって利用いただけます。
（http://creativecommons.org/licenses/by/4.0/legalcode.ja）

政府がつくったオープンデータ活用の手引書
(http://www.kantei.go.jp/jp/singi/it2/densi/kettei/opendata_tebikisyo.pdf)

いない。そうした背景には，さまざまな理由がある。

　上述の内閣官房 IT 総合戦略室の資料によれば，最も大きな課題・問題点として「効果，メリット，ニーズが不明確」が6割を超えていた。具体的には，費用対効果が不明確という意見や現時点で住民や団体などから開示を求められているデータや場面もないという意見がある。

　この「ニーズが見えない」というのは，市民側と自治体側の双方の努力が必要となるところかもしれない。オープンデータは以前よりあった概念ではない。実際にやることとしては，データを用意し，それをデジタルデータとしてインターネット等に誰でも利用できる形で公開していくということだが，その前に「なぜオープンデータが必要なのか？」という思想が大事になってくる。公開する自治体はもちろんこの思想の理解が必要だが，その恩恵を受けるべく市民のほうも理解が必要だ。

　市民が理解できていなければ，当然ながら住民や団体からデータの開示が求められることはないだろう。それは，農業機械を知らないで農地をクワで耕していることと同じだ。農業機械がいかに農業を変革するものか，ひいては食を通じて社会を変革できるものかを想像できてはじめて，農業機械を欲するようになる。

80　Civic Tech

しかし，オープンデータ化に消極的な自治体は市民への啓蒙を行うことはあまりないので，あまりニーズが出てこないという悪循環が起きてしまうのである。

自治体からの市民啓蒙とあわせて，今後もシビックテック団体が市民にオープンデータの啓蒙を行っていくことは，とても大事になってくると思われる。

また，オープンデータ化を進めるためには自治体にとっても相応の事務コストがかかる。そのコストを考えると費用対効果を考えてしまうのはもちろんのことだ。

それに対しての一つの解は，できるだけ無理のない業務フローを作っていく努力が必要になるというものだ。もともと自治体のウェブサイトではたくさんのデータを公開しているのだから，これから新規に公開していくものをオープンデータとして公開していくフローを組みこむだけだったら無理なくできる場合もあるだろう。

オープンデータの取り組みは省庁，自治体あわせて進み始めているが，2016年5月にIT総合戦略本部からオープンデータの新戦略として「オープンデータ2.0」が発表された。これまではオープンデータの公開を中心に取り組みを続けてきたが，これからは「課題解決型のオープンデータの推進」，「データの公開と利活用の一体化の推進」を目的として2020年まで取り組みを続けていくことが示された。

超少子高齢化社会によるさまざまな課題を抱える日本にとってICTの利活用による課題解決はとても大事なことと考えられるが，オープンデータについてもそうした面に資することが求められてきている。

また，その利活用は課題解決だけでなく，課題そのものの発見にも期待されているほか，オープンデータだけでなく企業等が保有するデータと組み合わせることでさらに付加価値の高いデータ利活用もできるのではないかと考えられている。

3 官民データ活用推進基本法の制定

2016年12月に議員立法により「官民データ活用推進基本法」が制定，施行

第 3 章　シビックテックの基盤となるオープンデータについて

された。この法律の背景としては，2000 年に制定され，これまで IT 政策の基本法となっていた「高度情報通信ネットワーク社会形成基本法」が成立してからすでに 15 年以上経ち，時代の要請に合わなくなってきたことがある。

　「高度情報通信ネットワーク社会形成基本法」は，当時の状況に合わせてネットワークインフラの整備に主眼が置かれていた。途中，サイバーセキュリティなどに合わせた法律や個人情報保護に関連する法律などが制定されているが，時代は確実にインフラからデータの流通と活用が価値を生むように変わってきている。

　そういった背景のもと「官民データ活用推進基本法」は，官民データ活用の推進に関する施策を総合的に効率的に推進して，国民が安全で安心して暮らせる社会および快適な生活環境の実現に寄与することを目的にしている。

　ここで言う官民データとは，いわゆる電子データのことで，国，地方公共団体，独立行政法人とその他の事業者が持つデータを指し，彼らが日々の業務の中で管理・提供・利用するすべてのデータを対象としている。もちろん，国の安全を損なう場合や公の秩序の維持を妨げるもの，公衆の安全の保護に支障をきたす恐れがあるものは対象外となっている。

　大容量のデータインフラはもちろん，クラウドサービスが活用されるようになってきていることや IoT（Internet of Things）の普及，AI やロボット，ドローンの発展などで，データが大量に生成され，それを利用できる時代が到来しようとしている。

　こうしたデータを上手に活用することで，住民票の写しや登記簿謄本の提出などが不要となるなど行政の手続きが簡略化されるようになったり，医療・健康・介護の三つの分野でのデータ連携が進んで不要な薬を使わなくなるなど社会保障費の削減にもつながる。また，交通渋滞も解消されるようになるだろうし，犯罪の減少にも寄与するようなサービスが多数登場することも期待される。

　「官民データ活用推進基本法」はオープンデータに限らないデータの活用を推進していくものとなっているが，無論，オープンデータの推進にも寄与することが期待されている。条文としては第 11 条がそれにあたり，2017 年 5 月に発表された「官民データ活用推進基本計画」では具体的な施策まで言及されている。

4 オープンデータに関する疑問

たとえば，
・オープンデータ基本方針に基づき，府省庁が保有する行政データの棚卸しを行う
・官民ラウンドテーブルを実施し，民間ニーズを取り込む
・オープンデータを前提とした行政の業務プロセス改善
・地方公共団体のオープンデータ化の推進
・都市計画への利用環境充実
・不動産登記情報の公開の在り方の検討
・政府衛星データのオープン化
・著作権法の見直し

など幅広いところまで施策が実行されるようになっている。これまで行政のデータの公開がなかなか進まなかった分野についても今後が期待できそうである。

4 オープンデータに関する疑問

オープンデータの重要性は間違いないが，それでもいろいろと細かな点で気になることは多い。その中でもよくある質問について説明しておきたい。

Q. 行政のホームページにそもそも情報が公開されていることと，オープンデータには何の違いがあるのか？

A. オープンデータは先述の通り，オープンに公開されているというだけではなく，再配布や再加工も含めて誰もが自由に利用できるデータを指している。

そう考えると，ホームページに公開されているデータはそういう利用条件を満たせるものなのかどうかが不透明なものも多いため，行政においてはそれを整理して，きちんと明示する必要がある。

また，機械可読性が高いということもオープンデータの条件であるため，そういうデータ形式で公開されることが望ましい。

Q. 地図データなどをはじめとして行政ではデータを利用したサービスなどを提供することもあるが，それで充分ではないのか？ あらためてデータをオ

Civic Tech 83

第3章　シビックテックの基盤となるオープンデータについて

ープンデータとして出す意義はどこにあるのか？
A.　防災地図や都市計画図など行政によってはホームページ上にそうした地図データをしっかり見られるサービスを提供しているところもある。また，ごみ収集情報などを提供するサービスもある。

　そうしたサービスをすでに提供しているにもかかわらず，データをオープンデータとして別途提供する意味はどこにあるのだろう？　それは第1章でも説明した通り，行政はプラットフォームになるべきだという考えが根底にあるからだ。

　行政自身がサービスを提供するのも大事なことではあるが，オープンデータとして公開されることでデータが利活用され，他のサービスと組み合わせて利用されたり，他の情報と組み合わせることで付加価値が出る可能性もありえる。

　必要なサービスを行政以外も創り出すことができることに意義がある。

Q.　すべてをオープンデータとして出すべきなのか？
A.　すべてを出すべきというわけではもちろんない。個人情報に関しては無論出す必要もないし，公共の秩序を乱す可能性があるものは出せないかもしれない。

　新しく出すべきデータを創り出すという考えもある。しかし，すでに行政がホームページで公開している多数の情報のうち市民からほとんど見られることはないものについて利用しやすい形でどう公開していくかをむしろ考えるべきかもしれない。

Q.　オープンデータカタログとは何なのか？
A.　公開しているオープンデータをジャンルやカテゴリなどで整理し，検索可能にして提供しているウェブサイトを指す。オープンデータは公開が進めば進むほど大量になっていくため，そうしたデータの利活用を進めるため，利用しやすい形で公開することが目的となっている。

4 オープンデータに関する疑問

Q. 公開されているオープンデータが更新されても利用者が気づかない場合どうするのか？
A. オープンデータをダウンロードして利用者が使う場合，データの更新に気づかない場合も充分ありえる。その場合，古いデータを使い続けることになる。それはたしかに大きな問題になる場合も考えられる。

　それに対しては，いくつかの技術的な方法で回避が可能である。

　一つは Linked Data という仕組みだ。これは名称の通り，データどうしをリンクしてつなげるという仕組みであるため，リンク元のデータが更新されれば自動的にリンク先のデータも更新されることになり，つねに最新のデータを利用できるようになる。

　もう一つは API という仕組みだ。これはデータそのものをダウンロードして利用するのではなく，プログラム等から利用できる命令だけを提供する仕組みである。利用する際にデータをその都度取り出してくるため，つねに最新のデータを読み込むことができるようになる。

　どちらも今後主流の方式として拡がっていくと考えられている。

Q. 商業利用も可能ということは企業が無料で入手したデータで有料のビジネスを行う可能性があるが，それで良いのか？
A. そもそもデータの利活用が，社会の安全や利便性の向上につながると考えられて，オープンデータという考えに至っている。

　無料であるからこそ，幅広い利活用が推進され，その結果，データが活かされて価値のあるサービスが生まれるのである。それは社会にとってとても有意義なことだ。

第 3 章　シビックテックの基盤となるオープンデータについて

コラム 4

鯖江市のオープンデータの取り組み：鯖江市長インタビュー①
稲継裕昭

　本文でも書かれているように，鯖江市のオープンデータのデータセット公開は 2012 年 1 月で，他の自治体や国に先駆けて実施された。国が「電子行政オープンデータ戦略」を示したのが 2012 年 7 月なので，その半年前のことになる。その戦略の中に，自治体の情報化の先進事例として鯖江市がとりあげられていた。なぜ，鯖江市はそのような取り組みを行うことになったのか。鯖江市の牧野百男市長にお聞きした（2017 年 9 月 25 日，鯖江市にてインタビュー）。

稲継　まずオープンデータ導入の経緯についてですけれども，データセットの初公開が 2012 年はじめで国の戦略がその 6 カ月後ですよね。国に先駆けてデータセット公開しておられますけれども，その前に総務省とか内閣と連携しておられたのでしょうか？
牧野百男市長　これはやっぱり，一色先生[2]が一番最初でしょ？
牧田泰一・鯖江市政策経営部情報政策監（CIO）　一色先生と福野泰介さん[3]の提案です。その後，オープンデータを進めておられる横浜の先生方からアドバイスいただきました。その方たちが国の草案の委員さんになっておられましたので自然とそうなるんです。
稲継　じゃあ総務省とか内閣府と連携を取ったというよりもいろいろ相談していた相手がたまたま向こうの委員だったということ？
牧田　そうです。2012 年 5 月に横浜の先生方が鯖江に来られ市長と意見交換をしましたが，世界の各国にオープンデータ分野でも遅れをとってしまうという危機感を口々におっしゃっていました。このような背景が大きいと思っています。
牧野　2010 年の 12 月やね。一色先生が福野さんと一緒にいまの XML とか RDF だって言うてこられたのが。
牧田　基本的なところは機械判読可能なデータでライセンスを自由にするって

---

2)　当時の W3C（World Wide Web Consortium：Web 技術の標準化団体）の日本サイトのマネージャーである一色正男・神奈川工科大学教授（当時は慶應義塾大学特任教授）。
3)　福野泰介・jig.jp 代表取締役社長。鯖江市内にある福井高専出身。

コラム 4　鯖江市のオープンデータの取り組み：鯖江市長インタビュー①

いうところなのですが，どのようなデータを出したらよいか，ライセンスを開発者の意欲を掻き立てるようなものにするかっていうところなんかはフェイスブックとかでいろんな意見交換しながら進めました。

牧野　やっぱり取り組みが早かったからでしょうね。国の電子行政オープンデータ戦略よりも半年。世界最先端 IT 国家創造宣言よりも 1 年半前でしたね。早め早めの取り組みが紹介され，オープンデータの先生方の支援をいただいたことが大きいと思います。自信にもつながりましたね。

稲継　その 2010 年の 12 月に一色さんと福野さんがデータシティ鯖江構想を提言されたということですけれども。そのときにお二人からお話が出たときに市長ご自身はどのようにお感じになられました？

牧野　情報化での商店街の活性化策などいろいろ取り組んできましたので，ぜひ，やってみたいと思いましたが，予算のことが気になりました。当時まだ，明確な効果が見えていませんでしたので，予算付けを議会で説明するのはなかなか難しいかなと思ったんです。職員も，いままでどちらかというとデータを守るほうだったので，データをどんどん出して攻める方向にいくとなると職員も大変だろうという心配もありました。

　お話を聞いてどうかなとは思ったのですが，これはもう情報化社会の中で生きるのには情報を公開する中で市民との意思の疎通を図ることが絶対必要だと思い，あとは予算の問題を何とかできないかなと思ったら，福野さんが「市長，そんなの予算ゼロでいいですよ。アプリは作ります。」って言うもんですから，出せるもんから出せばいいかなってそんな単純な話だったですね。それで牧田君に聞いたら，トイレ情報とか AED とか，施設情報とか，こんなのは簡単に出せるでしょうって言うので。出したらすぐ（福野さんが）アプリ作ってくれて。

稲継　なるほど。その 3 カ月後ぐらいでしょうか。2011 年 3 月に情報統計課を設置しておられます。これはオープンデータとそれから公衆無線 LAN 設置が目的だと聞いておりますけれども，その課に集められた人たちはどういう方々だったのでしょうか。

牧野　牧田課長をはじめ，これはもう全く普通の事務職員です。一色先生が来られたとき，牧田君がちょうど秘書課長だったので，鯖江を IT で何とかしたいという私の気持ちを一番良くわかっているし，もともとこういう IT に明るい方ですから，牧田さんにそれを担当する情報統括監（当時）になってもらえば僕の思いも通じるのかなと思ったんです。

　そして，公衆無線 LAN でも，オープンデータでも民間の方に助けられた

Civic Tech　87

っていうんですかね，当時福野さんといい田辺さん[4]といい，斉藤さん[5]といい，懇意にしていただいていたので。民間からのアドバイスが多かったですね。職員はもう精通した者っていうのはいなくって。むしろ統計や庁内ネットワークなんかやってた者が中心だったですから。まあ，オープンデータなんて，もちろん初めての方ばかりでした。これはやっぱり民間の力でしょうね。とくに福野さんでしょうね。

稲継 新しく設置された情報統計課の動きは市長にとって満足のいくものでしたか？

牧野 私は満足でした。とにかく早い。データ公開してからすぐアプリ，いくつも作られました。とくに消火栓情報のとき。雪が降るでしょう。雪がたくさん降って消火栓が見えなくなりますね。たまたま，場所が変わっても変更登録してないのがありました。大雪直後に，火事があって消火栓が見つからなくて，ちょっとひどいことになりました。そういうようなことがあって福野さんに相談したんです。そしたら，データがあれば，アプリ作りますって，すぐ作ってくれました。

やはり民間の力っていうのはすごいなと思いました。そのあと，観光案内，コミュニティーバスのバスロケアプリと。それで，予算が伴わないものですからどんどんオープンデータを進めて。そのうち，だんだん中央にも知られていくようになりました。オープンデータのまち鯖江なんて格好のいい表題で宣伝してくれますよね。総務省の情報通信白書なんかにも出してもらって。横浜市と一緒に紹介されて，小さいまちのモデルはなんか鯖江みたいな書き方がしてあって。それの評価も大きかったですね。そういったものを進めていること自体が予算を伴わずにどんどん，どんどん評判が高くなっていきました。

やっぱり時代の流れにのったというのですかね。そういう面ではいまこの鯖江の流れは市民主役事業があって，それの情報共有のためにオープンデータに取り組んだっていうようなことで，そのストーリー性は非常に良かったですわね。説明しやすかったですね。そういう面ではもうほんとに大満足ですね。一番良かったなと思っています，いまも。

稲継 ありがとうございます。ところで，オープンデータのデータセットを公開し始めた頃ですね。取り組みを進めるにあたって職員の方々や議会の反応はどんなもんだったでしょうか。

---

4) エムディエスの田辺一雄社長。福井高専出身，鯖江市で起業。
5) 秀丸エディタの開発者の斉藤秀夫氏。福井高専出身，鯖江市で起業。

コラム 4　鯖江市のオープンデータの取り組み：鯖江市長インタビュー①

牧野　職員はやっぱりきつかったと思います。牧田君一人で苦労したんじゃないですかね。セキュリティーの問題がまず職員には頭にあるでしょう。公開して大丈夫かって。誰が責任取るんだってなります。それで「いや，責任は僕（牧野市長）が取る」って言うんですけども。

　なかなかそんなことじゃ職員には理解してもらえないですね。で，牧田君が最初はやっぱ相当な苦労を負わされたと思いますわ。ですが，一つ一つね，そういう国で認められていろんなところで紹介されてくるにつれて，職員にもだんだん理解はされてきたんだと思います。

　議会は予算が伴わなかったもんですからそんなに抵抗はなかったんじゃないかな。1 年半ぐらいはもう全く予算ゼロ。でも 1 年半の間に鯖江はものすごく有名になりましたね。このスピードは速かったですわ。その頃から議会でもオープンデータについて質問が出ることも増えました。

　イベントも次から次にやりました。電脳メガネサミットでしょ。オープンガバメントサミットとか。もう次から次へと民間の力でやるんですから。その度に，地方でやるイベントに，東京からヤフーの部長，LINE の社長が来られたり，サイバーエージェントの専務が来られたり，NEC のお偉いさんが来られたり，すごい人がいっぱい来られるんですね。東京でやるより多く来られるんです。最初の電脳メガネサミットなんかすごかったですよ。私はあのとき思ったのは，地方でもやり方一つで東京並みの集客イベントができるんだなと思いましたね。

　アプリコンテストとかいろんなことやってました。もう次から次に鯖江から展開しましたね。

・・・・・・・・・・・・

　鯖江市は，いまではオープンデータの話では必ず出てくる日本の最先進地であるが，発端は IT 関連の民間の若手社長の話に市長が真剣に耳を傾けたことであった。かねてから「市民との情報共有」を心がけていた牧野市長にとっては願ってもない機会だった。だが，飛び交う用語ははじめてのものばかり。オープンデータを所管する新設の情報統計課にもこの分野に詳しい職員はいなかった。ゼロからの挑戦。それを民間が支えた。PPP（パブリック・プライベート・パートナーシップ）の新しい形ということもできる。

　第 3 章本文（76 頁）でも述べられているように，オープンデータ公開の意義は「政府／自治体の透明化」「市民参画」「経済の活性化」である。鯖江市ではオープンデータの公開により，まず透明化を徹底した。従来のホームページ

Civic Tech　89

での発信などに加え，情報公開請求によらなければ得られなかったデータも市民はオープンデータの形で得られるようになる。これは「市民参画」にもつながる。ノイジィマイノリティ（声の大きい少数派）が利用することの多かった情報公開請求とは異質の，サイレントマジョリティ（静かな多数派）が自分たちの生活に利便性をもたらす形でのデータ公開である。市民は公開されたデータをもとにアプリを開発したりそのアプリを利用したりすることで市政から恩恵を受け，また市政に参加することすら可能になる。

　鯖江市ではその後さまざまなイベントが開催され多くの人が訪れるようになった。地元のIT関連企業が潤うだけでなく，集客による「経済の活性化」により地元に利益がもたらされる。鯖江市はそのような好循環を作り始めている。

コラム5

鯖江市のオープンデータはどこに向かうのか：
鯖江市長インタビュー②

稲継裕昭

　鯖江市は 2012 年 1 月にオープンデータのデータセット公開を開始し，翌 2013 年 3 月にはオープンデータ流通推進コンソーシアム（現 VLED）の最優秀賞を受賞。その後も政府の白書などに取り上げられることも多い。2017 年 3 月には経産省が地域での IoT ビジネスの創出を目指して取り組む「地方版 IoT 推進ラボ」にも認定された。

　自治体の先頭を走っている感のある鯖江市だが，今後どう展開するのか。また，これからオープンデータに取り組む自治体への示唆について牧野市長と牧田 CIO におうかがいした（2017 年 9 月 25 日，鯖江市にてインタビュー）。

稲継　福井は割と先進地になりましたけど，他県では遅れてる地域が結構多いのが現状です。これからそれぞれの自治体でオープンデータの取り組みを進めるにあたって必要なことはどういうことでしょうか。ご示唆あればお願いしたいと思います。

牧田　やっぱりできることを重ねるっていうことしかないんです。ウェブではオープンな情報共有で革新的な動きが生まれています。このオープンな流れを行政も市民も広げていくということ。草の根運動，市民運動って言ってるんですが，決して高いものを求めるんじゃなくて日々の業務をこなしながら新しいステップを課題に応じて踏み出していく，データを活用して，市民の皆さんと一緒に考えていくことだと思うんです。それが鯖江の課題であれば日本全国の何都市かは多分合致すると思うんです。それが，たとえば会津若松であればこういう課題で，その対応が有効で他市に広まる。横浜であれば別の課題があって，その対応が有効で，他市にも使われる。こんな活動が全国の自治体で広がっていけば，日本全体が良くなると思います。自治体の職員はみんな真面目で，一生懸命ですから，それを同じように展開していけると思ってるんです。

牧野　アプリを使える人材養成っていうのかな。いまうちがやってるイチゴジャム（IchigoJam）[6]の取り組みは，福野さん一生懸命，全国展開やってます

---

6) BASIC プログラミング専用こどもパソコン。手のひらにのせられる大きさで 1500 円と安価だが

第 3 章　シビックテックの基盤となるオープンデータについて

ね。

　この間うれしかったのは総務省のお試しサテライトオフィス事業で、鯖江市が東京と大阪で企業説明会をやったところ 35 社ほどが来られました。それで、お試しのオフィス 4 カ所設置したら、ここへ 34 社ほどお試しで来られて、いま真面目にサテライトオフィスを鯖江で作ろうっていうところが 4〜5 社出てきたんです。そういった人たちが鯖江の魅力としてあげるものが、まず、「何にでもチャレンジする気風」です。成熟産業のものづくり産地であるにもかかわらず、いわゆるウェアラブルとかメディカル分野といった新産業分野へ挑戦していることだそうです。それは、これまでの専業化された分業体制のものづくり産地、すべてがオープンイノベーションの中で内発的発展を遂げてきたまちですからね。それが、ものすごく魅力があるんですね。

　それともう一つ、「やはり大きいのは人材養成ですね」と言われました。2020 年から学習指導要領でプログラミング教育が小学校で必修化されますが、鯖江市はそれを先取りしてきたんです。福野さんたちがずっとやっておられますから、このイチゴジャムで、2014 年からですからもう 3 年になります。

　いまは、5 小学校、2 中学校ですが、2018 年には 12 小学校、3 中学校の全小中学校でクラブ活動として取り入れるんです、イチゴジャムのプログラミング研修を。それに学校の先生も真剣に取り組んでくれています。プログラマーの育成を小学校からやるんですから、そういう人材養成ではめちゃくちゃ先進市なんです。

　5 年先、10 年先を見据えたそういう人材育成というのを鯖江がやってるというのは、ものすごい魅力だと言ってくれました。サテライトオフィスを作って、この鯖江と一緒になんかやりたい、という方が非常に多かったです。これはうれしかったですね。

　子どものイチゴジャム研修で学校の先生もワークショップに一緒に参加して。子どもは、眼鏡拭きロボットの操作をやって、学校の先生はゲームづくりに取り組むとかね。

　2020 年に学習指導要領が変わることも、もちろんありますが、オープンデータによる IT のまちづくりを進めた結果、学校の中で率先して IT 教育に取り組んでくれる、このような自発的な取り組みが出てきています。

　ここ数年、オープンデータをはじめ、市民や NPO、企業さんと組んでいろいろな実験チャレンジをしてきました。いまでは、市役所全体が、そのような

テレビとキーボードをつなげば、すぐにプログラミングを始められる。JigJp の福野社長が 2014 年に開発・公開した。

コラム5　鯖江市のオープンデータはどこに向かうのか：鯖江市長インタビュー②

実験土壌として，ようやく職員の意識も環境も醸成され，そこから，いろんな芽が出てきましたね。

今後も，市民やNPO，企業さんと組んでいろいろなチャレンジ，ITのまちづくりを市民福祉のために続けていきます。もちろん，うまくいかないこともあるでしょうけど，先の見えないこの不透明な時代に，待ちの姿勢ではどんどん遅れていきます。新たな分野にも挑戦し続けることで拓けてくると思っています。

・・・・・・・・・・・・・・・・・

「できることを重ねる」「市民の方と一緒に考えていく」──オープンデータへの取り組みに対する牧田CIOの言葉である。

オープンデータに消極的な自治体は必ず「効果が見えない，メリット，ニーズが不明確」と答える。個人情報保護との関係をどうするかという危惧も聞かれるが，これは多分に誤解が含まれている。オープンデータは個人情報を集積したビッグデータと異なり，個人情報が含まれるものはきわめて少なく，役所の持っている公のデータ（消火栓の位置情報，バスの運行系統・時刻表・運行実態，AEDの設置場所等々）であることがほとんどだ。そのような誤解を解きつつ，自治体組織内を説得し，市民にも理解してもらうのは並大抵の苦労ではない。鯖江市ではそれをやっていった。あとに続くものにとっての壁はそれほど高くはないと考えられる。鯖江市のようにトップが旗振り役になるところは珍しい。普通は，市民の理解を喚起して，市民の側からオープンデータ公開の機運を盛り上げてもらうことが必要だ。

次なるステップは人材養成。鯖江市ではそのことにも学校を挙げて取り組んでいる。そのことが企業誘致（サテライトオフィス）の引き金にもなっている。学校の先生も取り組み始めている。2020年の教育指導要領改訂は目の前だ。

コラム 6

学術資料のオープン化

福島健一郎

　オープンデータは政府や自治体が持つデータだけではない。ここでは，学術資料のオープンデータをご紹介しよう。

　一般的に学術資料とは研究や調査の基礎となる材料を指している。さまざまな研究分野があるため，資料も多岐に渡る。たとえば，歴史を研究していれば古文書などが学術資料となるし，地学などであれば珍しい鉱石が学術資料となるだろう。

　こういった学術資料は大学をはじめ，全国の資料館や博物館，美術館などに保管されていて，一般の人たちがこれらの資料を自由に利活用することは難しい。

　しかし，世界的には学術資料をオープンにしようという流れが大きなものとなっている。2008 年に欧州の博物館や美術館が参加して作られた Europeana（ヨーロピアーナ）というデジタルアーカイブサイトは多くのデータがオープンデータとして公開され，サイト全体で現在は 5000 万件以上のデータが登録されている。また，米国では The American Art Collaborative（アメリカン・アート・コラボレイティブ）というコンソーシアムが 2015 年に設立され，現在，米国の 14 の美術館や博物館などが各館のコレクションをオープンデータとして公開している。

　国内では，石川県能美市が 2013 年から九谷焼資料館が所蔵する九谷焼の一部について，その画像データとメタデータをオープンデータとして公開をはじめた。観光交流事業の一環として公開されたデータは公開にとどまらず，コミュニティによって積極的な利活用が進み，紙皿や湯呑み，メディアアートなどへの利活用が進んでいる。現在は注文住宅に美しい図柄が利活用されるなど商業的にも大きな成功事例が複数出てきているのが特徴だ。

　また，大阪市立図書館は 2017 年に同館が公開していたデータのうち著作権切れのものをオープンデータとして公開を始めた。その点数は画像で 13 万枚という大規模なもので，今後の利活用が期待される。

　また，2017 年に人文学オープンデータ共同利用センターが正式に立ち上がり，古典籍のデータや古典籍字形のデータなどがオープンデータとして公開されている。同センターは利活用にも積極的で，データを利用したアプリの開発

コラム6　学術資料のオープン化

やアイデアソンを実施している。
　これまでオープンにしてこなかった学術資料のオープンデータ化はさまざまな理由で簡単には進まないところもあるが，現在，国内でもオープンサイエンスの議論が活発化していることから，今後，日本においてもますますたくさんの学術資料がオープンデータとして公開されることを期待したい。

シビックテックのエコシステム

藤井靖史

Civic Tech

第 4 章　シビックテックのエコシステム

1　協働について

　シビックテックのエコシステム（Ecosystem：持続可能な生態系）を考えるときに「協働」という状態について押さえておく必要がある。複雑に考えがちな概念なので，シンプルにホットケーキを焼く写真を使って説明したい。

　左側の長男（5歳）は，ホットケーキの生地を入れ，ひっくり返す担当。右の次男（3歳）は，焼けたホットケーキを皿にのせる担当。3歳では「フライ返しを使ってひっくり返す」作業がうまくできないので，お互いにできる力を持ち寄って働いている。このできる力や機能を持ち寄っている状態を「協働」と捉える。

　もう少し分解してみると，ホットケーキを焼くという「楽しみ」，焼くとみんなが喜ぶ（または誰かに褒められる）という「相対的関係」，焼いたあと自分も食べるという「流れ」の三つに分けられる。つまり「協働」という状態は，「楽しみ」「相対的関係」「流れ」の三つがバランスの良い状態にある。

　これをシビックテックの活動に置き換えると，物づくりをする「楽しみ」，多種多様な人と関係し，その取り組みが社会で活用・評価される「相対的関

協働でホットケーキを焼く

係」、そして自分の活動が前進したり、本業で活かせる「流れ」がバランスの良い状態であれば、より活動が推進される。

さて、実は写真の後ろに姉（8歳）が控えているのだが、彼女は「何もしていない」。この「何もしない人」を許容するという環境に協働の真髄がある。シビックテック活動をしている集団の特徴は、軍隊のように作戦遂行をするための集団ではなく、「協働」状態を維持している集団であると考えている。

「何もしない」姉について補足したい。「何もしない」を許容するということは、自分も含め、疲れたら休めるということである。また力が及ばなかったり、忙しくて何もできない人でも適宜、協働に参加できるということである。そして普段は何もしていない姉も、プロジェクトに参加するときがある。弟たちが楽しそうにホットケーキを焼いている後ろ姿を見て、やりたいことを見つけてしまった場合だ。

下の写真は、ポツポツと小さいホットケーキを焼いて食べるというアイデアが湧いてきて、どうしてもそれをやりたくなった姉の状態である。このように、普段は何もしていない人も、自分ができることや自分のやりたいことを見つけて、協働に参加できる。これが軍隊のような組織であれば、参加メンバーの出入りは全体の統率や士気に関わることになり、簡単には行われない。しかしシ

姉も協働に参加

第4章　シビックテックのエコシステム

ビックテックの活動においては，自由な出入りの中から，突然プロジェクトが生まれ，メンバーが集まり実行につながることが多々ある。

このように「協働」という状態は，危機意識や目的意識を持つ特定の人々が集まって何かをするということ以上に，「何もしない」人が許容されつつもモチベートされるという状態も含まれる。これは親が子どもにお手伝いを強要することや，行政のような組織が事業を作り，誰かに遂行させるのとは大きく違い，自然に発生し具体化されるものである。

一般的に，地域活動や行政において，協働の状態を保持することは難しいとされている。それはなぜであろうか。次節では，協働の困難な状態がなぜ発生し，継続しうるのかについて触れていきたい。

2　スマートシティ2.0

地域活動や行政における「協働」について，近年「スマートシティ2.0」といわれる概念が注目されている。これまでのスマートシティ1.0は，地域におけるさまざまな取り組みをエネルギーや交通インフラ等を扱う企業が主導し，ともすれば住民不在のまま技術検証を行う側面が強く，結果が出ないものが多かった。対してスマートシティ2.0は，初期段階からユーザーとなる住民を巻き込み，住民が必要とするサービスを対話や協働のプロセスを経て，実装するといった一連の流れが特徴である（表2を参照）。

スマートシティ1.0からスマートシティ2.0へ移行したポイントは，まず住民にITを使わせるのではなく，行政が自らの業務改善をITを用いて行うという点にある。またトップダウンで降りてくるタスクをただ実行するのではなく，双方向のコミュニケーション（いわゆる協働）も挙げられる。そして単なる大企業の技術検証の場ではなく，地域のニーズに基づいた開発と利用が促進されている。

スマートシティ2.0では，住民を共同クリエイターと捉え，チームで地域をより便利に作り上げていく。「クリエイター」というと何やら難しいイメージがあるが，ゴミ拾いや道端に花を植える活動なども，共同クリエイターとして重要な要素となる。

表2 スマートシティ1.0からスマートシティ2.0への移行

	スマートシティ1.0	スマートシティ2.0
視　点	技術・経済に焦点／機能第一	行政・政策運営に焦点／人間第一
政策の立案・実行	トップダウン	住民と行政の双方向・協働
技術の役割と活用	技術の利用可能性・実現可能性を重視	都市・市民のニーズに基づき開発・利用
都市・市民の役割	考慮されず（エンドユーザー・消費者としてのみ考慮），住民＝有権者	スマートシティ開発の主導的立場 住民＝共同クリエイター
アプローチ方法	問題の解消	解決策の創出
最終的な目的	サービスのデリバリー	サービスのイノベーション

出典：野村敦子「ユーザー・ドリブン・イノベーションによるスマートな街づくりに向けて」『JRIレビュー』Vol. 8, No. 47（2007年），105頁（Henning Günter "From Citizens as Sensors to Co-Creation" April 2016; Institute for Sustainable Community, Urban Sustainability Directors Network and Nutter Consulting "Smart Cities for Sustainability: A Sector-By-Sector Tech Review" March 2016 をもとに日本総合研究所が作成）。

　ちなみに，スマートシティ2.0が機能しているシカゴ市では，シビックテックが街そのものの基盤として位置付けられている。シビックテック活動ができる源泉には，誰でも分析や解析が可能なデータを提供する「Open by Default（原則としてオープンデータ）」の考え方や，イノベーションを促進させるために街全体を提供する「City as Platform（行政や町はプレイヤーではなく土台）」の概念がある。

　スマートシティを目指さない地域においても，この変化から多くの教訓が得られるだろう。これまでのテクノロジーに直接関係しない行政サービスもまた，スマートシティ1.0と同じ発想で設計されているものが多々ある。身近な例で考えていただきたい。利用者不在のまま建築される建物や，利用されない公共サービス。対話や協働が容易ではない住民は，単にサービス受容者として捉えられ，トップダウンで実行されている事案などなど。これらの状況を打開するために，データやICTといったテクノロジーを活用しつつ，対話や協働が再定義されようとしている。それがスマートシティ2.0である。

3　協働に至るプロセスについて──お味噌汁理論

　スマートシティ2.0では，一貫して「協働」の重要性が強調されている。ま

Civic Tech　101

第4章 シビックテックのエコシステム

たシビックテック活動では，ごく自然な形でプロジェクトが生まれ，協働によってさまざまなサービスやアプリケーションが形になっている。このようなシビックテックにおける協働がどのように発生しているか。少し遠回りになるが，カオスから構造が発生するプロセスをお味噌汁の中に現れる散逸構造を例に説明したい。

お味噌汁に現れる構造とは下の写真のようなものである。左側が構造が現れる状態で，右側が構造が失われた状態だ。左側のお味噌汁の表面にははっきりと模様が現れており，箸でかき混ぜてもすぐにこの状態に戻る。このような構造がなぜ生まれるのか。下図はお味噌汁の中の様子である。

椀は上部が開いているために味噌汁は冷め（温度が低い），お椀の下部は閉じているために冷めない（温度が高い）。この間に温度差が生まれ，対流が発生する。この対流が味噌汁の模様となって現れる構造は「温度差→対流→構造」の順番で自然に発現する。この自然に構造が生まれるというプロセスに協働のヒントがある。協働とは，誰かが支配的，計画的に生み出せるものではない。

高度経済成長期に代表されるような，日本の経済循環が激しかった時代は「温度差から

図1　お味噌汁の中の対流

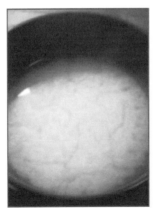 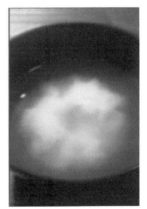

お味噌汁に現れる「構造」

102　Civic Tech

対流」を意識することなく構造化に集中できた。テレビ，車，電化製品といった商品が飛ぶように売れた時代である。日本企業は，すでにある対流の上に構造を作ることに最適化されてしまい，世の中の温度差を見ようとしなくなった。その結果，ものが売れなくなりさまざまな企業が苦戦している。われわれはあらゆる分野の取り組みにおいて，ときに「温度差から対流が生まれ，構造化される」という自然の法則があるにもかかわらず，過去の成功体験から離れられず，まず構造から何かを作ろうとする。構造を作ってから対流を起こそうとする。「○○コンソーシアム」や「○○委員会」といった組織を予算をかけて作り，会議を繰り返し，計画を作成し，各人にタスクを振り分けて実行しようとする。

シビックテック活動には，このようなプロセスは馴染まない。地域住民の声に耳を傾け，多様な人々の温度差に気づき，プロジェクトを通して人同士が信頼関係で結ばれ，対流を起こす。その温度差や対流の中で，構造を作り出そうとするのがシビックテック活動だと考える。各地で生まれている Code for X（シビックテック団体，X には地域名が入る場合が多い）の活動が，行政主導で予算化された取り組みから生まれたのではなく，地域の人々の熱量や交流が起点となって，自然発生的な協働として生まれていることからも，同じような現象を見て取れる。

福島県の会津地域では，このプロセスに着目し，日々の活動を行っている。「温度差→対流→構造」の順番をリアルな世界に落とし込むと次頁の図2となる。

まず始めに，温度差を見つけるための議論（Conversation）を行い，多種多様な人がつながり対流する（Network）。その後に，テクノロジーを付け加えて構造化していく。コンピュータで何をしよう，人工知能を何で使おう……というテクノロジーありきでの発想ではない。集まった人々と意見交換をして温度差を知り，○○さんが困っている課題に対して自分の力が使えるのではないか？　という思いから対流が始まる。課題に対して，各人がテクノロジーや組織など得意分野を持ち寄って解決に力を注ぐ（Output）。この構造化のプロセスこそ，協働状態が維持されるコツとなっている。

散逸構造と Code for X の活動の関係について少しだけ補足をしたい。散逸

第 4 章　シビックテックのエコシステム

図 2 「温度差→対流→構造」の仕組み

　構造では、自然に偶発的に小さな秩序ができても、ほとんどの場合、小さな影響しか与えず消滅していく。それでも、その小さな影響が連鎖的に伝わることで渦（対流）を起こすことがある。渦によって構造化され、さらに全体が強化されていく好循環（ポジティブフィードバック）による自己組織化が起こる。お味噌汁の中にある構造が、箸で混ぜても、また同じような模様に戻っていくように、自己組織化された構造は強い。このように自己組織化された構造こそ、Code for X の活動だと言える。

4　プロジェクトリーダーと全体のリーダー

　自然に組織化されるとはいえ、大切な存在が「リーダー」である。ゼロからイチを生み出す渦の中心には主体者（リーダー）の存在がある。リーダーというと 10 人程の規模を考えがちだが、この場合、二人のチームでも十分である。人を多く集めることが目的ではないため、多くの人を統率する能力を問われているわけではない。プロジェクトをいかに主体的に進めることができるかが問われるのである。

　一方、Code for X の活動では、リーダーを決めないことがある。プロジェクトであればリーダーが必要だが、全体的な活動はネットワーク型であるため、

必ずしもリーダーを必要としない。それはこの組織が，従来のピラミッド構造ではないためだ。プロジェクト単体と，活動全体については分けて考える必要がある。

たとえば，会津地域でプログラミング教室を始めた西川くん（当時は大学生）は，教室運営の主体者である。彼は一人でもプロジェクトを進める。彼の動きはやがて渦となり，市役所や大学，後輩，会社など多くの人や機関を巻き込みながら，リーダーとして会津地域のプログラミング教室の一翼を担おうとしている。驚くべき活動力である。

一方，私が参加しているCODE for AIZUでは，とくにリーダーを決めての活動はしていない。私自身はファウンダー（創設者）であるがリーダーではない。私が持つプロジェクトでリーダーになることはあるが，あくまでも全体のリーダーは決めていない。地域によってリーダーを持ち回りにしているところもあれば，確固たるリーダーがいる地域もある。全体のあり方については，地域の流れを汲み，各々がやりやすい形で進められている。

5 お金について

最近，多くの質問を受けるのがお金の問題である。つまり活動資金をどのように捻出するのかという問題。各地のCode for Xでスタイルは違うが，この件について以下にまとめたい。

そもそもコストをかけていない

活動の持続可能性を考えた場合，多くの予算が必要であったり外にお金が出ていったりすることを，極力抑えている場合が多い。会津の場合，活動運営にほとんどお金はかかっていない。なぜなら散逸構造を生み出す源泉である議論に関しても，集まって話をすること自体にはコストはあまりかからないからである。また自前でイベントを開催せずに，イベントに乗っかるという手もある。

実際，アプリケーションを動かすためのサーバーにしても，莫大なアクセスがあるわけではないので高額なものは必要ない。もし高額なサーバーが必要ならば，ビジネスモデルもセットで考えればよく，まかなえないのであれば実施

しないという選択肢もある。

参加する敷居は低く，興味があるなら参加し，興味がないなら参加しないという意思が肯定される。「参加しない」を許容することで，興味のないことに時間やコストを奪われることがない。

活動を通してメリットがある

参加者に何らかのメリットがなければ，その活動は長続きしない。メリットというと難しく感じるが，「楽しみ」であったり，「やりたいから」，「笑顔を見たいから」であったり，その敷居はかなり低い。誰かの笑顔を見るために，予算が必要な世の中はない。敷居は低いが，結果的に企業同士がつながって仕事になった事例も多く，ビジネスとして継続される場合も多い。

会津地域では，除雪車の運行の仕組み作りや，地元スーパーとの取り組みが実際の仕事となっている。シビックテックは，無償の奉仕活動に限定されず，ビジネスを考えることが推奨される。さらに，行政が関わることによって住民の声を直接聞いたり，プロジェクトに参加した経験を業務で活かせることは，十分彼らのメリットになる。会津若松市役所の目黒氏がオープンストリートマップの活動を通じて，実際の防災マップに役立てたように，コミュニティと関わることが業務での提案につながることもある。

予算を使わずに得るものが多い

「予算を使わずに得るものが多い」という状態は，Code for X の活動が全国に広がっていることからもわかる。もし活動自体を予算化して実施した場合，「多くの予算を使っているのだから，得るものは多くなければならない」という状態を目指すことになり，場合によっては得るものをさらに多くする必要にせまられる。その期待に応えられないと，費用対効果が合わず，その結果，予算の減少へと転じてしまう。どのような活動でも，予算のかけ方には注意が必要である。大企業の方が「シビックテックではビジネスがしづらい」と感じる理由は，多くの予算に対して多くのリターンが必要となるためである。

6 シビックテックのエコシステム

　以上の議論を，シビックテックのエコシステムとしてまとめてみよう。
　協　働：協働を外発的に作るのは難しいが，ホットケーキを作るということにさえ協働は発生する。シビックテック活動においても同様に自然に協働は発生している。何もしていない人も含めて協働と考える。
　流れの中にある協働：お味噌汁理論（散逸構造論）によって説明できる。地域の熱量や人同士の対話（温度差）を通じて対流が起き，構造化される。自然の流れにそってプロジェクトが発生する。震災直後に多くのプロジェクトが生まれ構造化されていったことが記憶に新しい。
　リーダーの存在：プロジェクトの渦の中心がリーダーである。たとえ二人でもチームであり，多くの人を集めることが目的ではない。Code for X ではさまざまなリーダーのあり方がある。
　お金の問題：基本的にはあまりお金がかからない。お金がかかる場合は，ビジネスとして実施することが重要。かけるコストに対して得るものが上回っている状態を維持する必要があるが，得るものはお金だけではない。
　エコシステム：散逸構造論（お味噌汁理論）的にさまざまなプロジェクトが生まれるが，断念するプロジェクトも多い。ときに「地域で失敗すると信頼を失い，次がない。成功したい」という声も聞く。これは信頼関係がまだ十分でない段階だ。つまり一緒に失敗できる関係を築けるかどうかが重要である。シビックテックの活動の基本は，まずは畑作りであり，芽が出て果実を得るのはその先の話となる。先のお味噌汁理論でいう「温度差」と「対流」という畑が重要であり，テクノロジーを加えて構造化するのはその次である。

　エコシステムである以上，自然の生態系と構造は同じである。失敗のない進化はないし，全員が同じ意識や行動をする世界もない。シビックテックのエコシステムも，失敗は多めだが成功もある世界の中で，人々は話し合い，持てる力を出し合って未来を作っている。このエコシステムを機能させるために，われわれが唯一できることは，世の中の温度差を捉え，地域や仲間と信頼関係を

第 4 章　シビックテックのエコシステム

築き，ひたすらに手や足を動かしていくことである。

　繰り返しになるが，エコシステムの原動力となっているのは世の中にある多くの「温度差」である。少子高齢化の時代の中で，行政サービスがこのまま維持されるはずはない。東日本大震災等で感じた無情。そして教育，医療，交通，政治等々がこのままで良いはずがないと考える人々の熱量。その温度差の中，われわれが活動の中で最初に手に入れたものは，意外にも「地域に関与する楽しみ」であった。

　行政が発達し，分業化がすすみ地域のさまざまな仕事を担う機会が減っている現代。私たちは自らが住んでいる場所をよりよくしていく機会を優秀な行政サービスによって奪われていたのではないだろうか。自然に集まった仲間と協働し，ネットワークを作り，さまざまなものを構造化していく。誰かに未来を委ねるのではなく，自分たちで作っていく。われわれの活動は，この協働の「喜び」を地域に呼び戻す活動になりつつあると感じている。

コラム 7

シビックテック活動をとおしての成長

藤井靖史

　「成長とは何か？」を考えると眠れなくなるが，ここではひとまず「既存の仕組みからの成長」という視点で考えてみたい。CODE for AIZU の活動を通じて感じていることを記す。
　シビックテックという名前の通り，テクノロジーを使うことで確実に成長している。

イベントを開催するとき
既存の仕組み：チラシを作ってポスティングなど
追加された仕組み：フェイスブック（等のソーシャルネットワークサービス）での告知。引き続きチラシを使うことも有用であるが，手軽に告知できるようになった。

定例会について
既存の仕組み：毎月日程を決めて開催
追加された仕組み：遠隔でもインターネットを通じて会議に参加できるようになった。イベント告知や報告をウェブで確認できるため，周りの活動がなんとなく見えるようになった。メッセンジャーを使って相手に直接聞くこともできるようになった。実際に会うことは引き続き大事だが，情報交換がより手軽になった。

心が折れそうなとき
既存の仕組み：近くにいる仲間や家族に助けてもらっていた。
追加された仕組み：志を共にする全国（全世界）の仲間に支えてもらえるようになった。利害関係がない中での情報交換がよりスムーズになった。

　ほかにも，資料の共有や日程調整，進行管理などテクノロジー活用をあげればきりがない。このように，テクノロジーによって，仕組みの幅が広がり，活動にかけるコストが下がっている。シビックテックの活動が全国的に進められている理由は，インターネットの普及によるところが大きい。PTA や町内会，

既存の団体においてもテクノロジー活用の兆しがある。シビックテックと既存の団体が融合するとき，さらに社会へのインパクトは大きくなると感じている。

さらに，プロジェクトに取り組むときの考え方についても成長の兆しを見せている。

お金がない
既存の考え方：寄付やビジネスモデルの構築が必要になり，いつも課題になる。
追加された考え方：お金がなくても仕組みを作ることはできる（作ったものが有用であればお金も集まる）。誰かに作らせるという概念ではなく，作りたいから作るへの転換。助成金をどこからとってこようという発想ではなく，価値があるかどうかまず試すことができるようになった。

人が集まらない
既存の考え方：メディア活用などで集客が必要になり，いつも課題になる。
追加された仕組み：人を集めることを目的としない。人の集まりにはパワーがある（マネタイズに必要になる）が，それを達成しなくても継続できるようになった。大事なのは多くの人を集めることではなく「実際に何を解決できるか？ 解決に必要なメンバーが集まっているか？」と考えるようになった。

モチベーションが続かない
既存の考え方：リーダーがメンバーをモチベートしようと頑張り，いつも課題になる。
追加された仕組み：モチベーションは個人の内にあり，誰しもがプロジェクトのリーダーとなり進める可能性がある。モチベーションが続かないのであれば休むという手もある。組織が個人を縛っていた時代から，自分の人生の舵を自分で握ることができるようになってきた。

以上はシビックテックの活動においても課題とされることではあるが，実際に活動していく中でより本質的な成長を感じている。シビックテック活動が結果を出せば出すほどに，これまでに課題と感じていたことが解決され，より本質的に成長を感じ，課題が減っていく日が来ると信じている。

市民と行政の関係を変えていく

稲継裕昭

Civic Tech

第5章 市民と行政の関係を変えていく

1 昔は自分たちで解決していた

　第4章ではシビックテックについて，次のように書かれていた。──モノづくりをする「楽しみ」，多種多様な人と関係しその取り組みが社会で評価・活用される「相対的関係」，自分の活動が前進したり本業で活かせたりする「流れ」がバランスの良い状態であれば，より活動が推進される。──これは，市民が身近な問題を解決する方法の原点だ。

　江戸末期から明治初期の日本にタイムスリップしてみよう。江戸幕府の経済基盤は農民の年貢や労役であった。農村の多くは50戸ないし70戸の自然集落（自然村）であり，同一の氏神を持っている場合が多く，地縁，血縁的に深い結び付きを持つ社会集団を形成していた。冠婚葬祭をはじめ日常生活における相互協力（講，組），生産生活の相互労力提供（結）をはじめ，伝統的な相互扶助的結合が運営の基本だった。

　この自然村を利用して各藩は統治を行う。村役人（村方三役：名主，組頭，百姓代）を中心とする本百姓によって村のさまざまなことは運営され，入会地の共同利用，用水や山野の管理，治安や防災などの仕事が自主的に担われた。顔の見える人々の間で，互いの立場を知りながら，また，それぞれの得意分野を生かしながら，地域の問題を自分たちで解決していた。藩主である殿様は，代官を通じて年貢を取り立てたり諸役を割り当てたりする為政者であり，普段は地域課題を直接解決してくれる存在ではなかった。地域の問題は自主的に村人たちによって解決されていた。幕府や諸藩は，このような村の自治に依存して年貢や諸役の割り当てや収納を実現し，村民を掌握することができた（村請制）。

　19世紀半ば，黒船の来航を契機として始まった江戸幕府の動揺は，やがて，明治新政府の誕生という革命をもたらした。明治新政府の課題は，西洋列強に対抗するために従来の幕府と藩に代わって天皇を中心とする一元的中央政府を創り出して強力な近代国家を建設すること（「近代化」）であった。

　大政奉還（1867年）に続いて，版籍奉還（1869年。版＝版図，各藩の領地。籍＝戸籍，領民）がなされ，1871年には廃藩置県が断行された。

旧来の藩は当初3府302県となり，その長には従来の藩主に変えて中央政府から府知事・県令が派遣された。その後，3府72県に統合が進められ，さらに，現在の47（都）道府県へと統合が進む。ただ，第二次世界大戦後まで，各道府県知事には中央（内務省）の役人が派遣されるという制度が継続した。

明治政府は1871（明治4）年に徴税の基礎となる戸籍法を定め，戸籍事務を処理するために全国に新たに1000戸程度を単位とする「区」を設置し，それまでの村役人に変えて国の役人を派遣した。区は戸籍事務のみを取り扱うものであった。しかし，自然村の存在を無視した新たな行政単位の設置には地方の反発が強かったため，政府は翌年，大区小区制を定めた。区を大区に改めて国の役人である区長を置きつつ，旧村単位で小区を置いて，村役人を戸長・副戸長として彼らにも戸籍事務を担わせた。

明治維新当時の日本の総人口数は3300万人程度と推定されている。（町）村の数は1888年（明治21年）時点で7万1314で，一村あたりの人口は500人程度。江戸時代の自然村がそのまま行政村となっていた。

2 政府は次第に遠くなっていった

1889年（明治22年），「明治の大合併」が行われ，一村あたりの人口は約5倍となった。この背景には，近代的地方自治制度である「市制町村制」の施行がある。教育，徴税，土木，救済，戸籍の事務処理を行うという行政上の目的に合った町村の規模と，江戸時代から引き継がれた当時の自然村の規模との隔たりをなくすために，約300〜500戸を標準規模として全国的に町村合併が行われた。その結果，町村数は約5分の1の1万5859となり，1（市）町村あたりの人口も約2500人となった。日本の総人口はその後，明治末（1910年）に5000万人，大正末（1925年）に6000万人，終戦の昭和20年（1945年）には7200万人へと増加し続けた。逆に，自治体の数は，町村合併や合併による市の新設等の影響により減少を続け，1922年には1万2315，1945年10月には1万520となっていた。人口増と自治体数の減少により，徐々に1市町村あたりの人口規模も大きくなっていく。

日本の現代地方自治制度のスタートである市制町村制は，地方の名望家を自

治の担い手と想定しており，選挙制度も納税額に応じて一票の価値が配分されていた。その結果，明治初期までは数十戸からなる各自然村で顔の見える村人たちが話し合いで決めていたことが，少数の名望家から構成される議会で決められるようになった。一般の町村民の声は届きにくい。町村長は，議会が選挙で公民の中から選ぶ仕組みとなっており，選ばれた町村長が議長を兼ねた。規模が大きい自治体は「市」となったが，市の場合は公選議員からなる議会（市会）が推薦する三人の市長候補の中から内務大臣が市長を任命する方式となっており，一般の市民の声はさらに届きにくくなっていた。村人たちが自らの課題を自ら解決していた江戸時代とは異なり，一部の人々によって行政課題が議論され，決定されるという形が定着した。

　第二次世界大戦後，都道府県知事は公選となり，また，市町村長も直接公選となるという変化はあったが，住民と市町村の距離はますます遠くなっていった。昭和の大合併がこれに拍車をかけた。戦後，新制中学校の設置管理，市町村消防や自治体警察の創設の事務，社会福祉，保健衛生関係の新しい事務が市町村の事務とされ，行政事務の能率的処理のためには規模の合理化が必要とされた。とくに町村合併による規模の合理化が必要だとされ，「町村数を約3分の1に減少すること」が目指された。1953年から1961年までの間に，市町村数は9868（うち町村は9582）から3472（うち町村は2916）にまで減少した。

　村人たちが自分で諸問題を解決していた時代から，規模の大きな自治体になって選挙を通じてしか行政に参加できなくなった。市町村数は平成の大合併により，2010年には1727（うち町村は941）になっている。人口は1億2000万人。一つの自治体あたりの平均人口数は7万人にまでなっている。もはや住民が集まって話し合いをするどころではない。

3　遠くなった政府に近づこうとする歴史を振り返る

　このように政府がどんどん遠くなっていく時代にあって，主権者たる住民の手に行政を取り戻そうという動きはたしかにあった。その歴史を簡単に振り返ってみよう。

　戦後日本の最大の課題は，戦災からの復興と，疲弊した経済の成長にあった。

「先進国に追い付き追い越せ」というキャッチアップイデオロギーは国民の間に共有され，1955年以降，日本は高度経済成長を遂げていくことになる。

しかし，急速な経済成長とそれに伴う都市化の進展は，大気汚染，水質汚濁，騒音・振動・悪臭，土壌汚染などの公害をもたらすことになる。政府・与党は，公害問題への迅速な対応よりも，むしろ産業政策のほうに重点を置いていた。そこで，公害反対闘争としての住民運動が各地で広がっていくことになる。これは，抵抗型の市民参加，住民参加ということができるだろう。

この運動の盛り上がりは，その後，全国に革新自治体を誕生させていくことになる。住民は自治体に対して，生活基盤の拡充を要求する運動を展開していった。抵抗型から要求型へと，住民運動がややその趣を変えつつある時期であった。革新自治体の多くも，住民の要求に応える形で，公害規制，消費者保護行政，情報公開等の分野で，条例を制定したりその他の施策を展開したりしていった。

1973年のオイルショック以降，日本経済は低成長経済に入り，財政状況も悪化して，1979年以降，行政改革が本格化していく。歳出を伴う生活基盤拡充要求は実現困難になりつつあった。この時期，自治体に対して何かを要求するということよりも，自治体への何らかの参加を求める声が次第に高まっていく。住民運動から市民参加への転換が進んだといえるだろう。

1980年代後半以降は，世界的な協働・パートナーシップへの流れがあった。日本においても，1995年の阪神・淡路大震災の際に，数多くのボランティアが全国から集まった。住民運動の沈静化の中で失われたと考えられていた連帯意識や非営利活動といったものが，実はある程度成熟期を迎えつつあることを象徴する出来事だった。

この頃から，住民との「協働」という言葉も頻繁に用いられるようになる。一般には，協働（coproduction）とは，公共サービスの生産・供給者と消費者の双方がサービス形成過程・供給過程に加わることで，相互理解・情報共有を進め，結果として，サービスの生産性や質の向上，両者の資質能力の向上，意識やシステム革新を図ろうとするものである。地域単位のまちづくりプランの作成，在宅福祉プランの作成やそのサービスの運営などは，協働が比較的容易な分野だとされる。

第 5 章　市民と行政の関係を変えていく

　ただ実態はバラエティに富んでいる。パブリックコメントを求めただけで「住民協働」を行っていると主張する自治体職員もいる。しかし，人口 30 万人の市において，パブリックコメントを実施して十数件のコメントが，しかも，実態としては常連の人の声だけが寄せられていることも多い。市民討議会を実施したり，審議会への公募市民の参加を促したりしても，勤めを持っている人は参加できず，リタイアした年金生活者か主婦ばかりが公募市民として参加している。

　仕事を持った市民が市政に関わるには，協働に関わるには，どうすればよいか。そのヒントがシビックテックである。

4　アーンスタインの議論

　市民参加の議論をするときは，シェリー・アーンスタインが発表した「市民参加の 8 階段」がしばしば引用される。

　階段の第 1 段は，世論操作（Manipulation）である。行政は市民を単なる行政権行使の対象とみて，「由らしむべし，知らしむべからず」の態度をとる。第 2 段として，セラピー・緊張緩和（Therapy）の段階がある。市民の不満を癒し，ガス抜きをする段階である。第 3 段は，情報提供（Informing）の段階である。いわゆる行政広報の初期の段階のものがこれに入るだろう。情報の流れは行政から市民への一方通行だ。

　第 4 段は，相談（Consultation）の段階である。いわゆる行政相談，行政広聴がこれに入る。表面的な意見聴取が行われたり，市民満足度調査を行ったり，最近ではパブリックコメントがなされたりしているが，コメントをする市民はごく少数だ。

　第 5 段は，宥和策（Placation）である。行政が議論の「場」を提供することが考えられる。市民がある程度の影響力を及ぼしうる段階に入っている。自治体におかれる審議会に，公募で市民委員をメンバーにするのがこれだ。しかし，平日の昼間に参加できる限られた人しか参加できない。

　そして第 6 段が，パートナーシップ（Partnership）の段階となる。住民と行政のあいだでさまざまな力が分有される，情報の共有化がなされる，あるいは

図3　アーンスタインによる市民参加の8段階

出典：S. R. Arnstein, "A Ladder of Citizen Participation," *AIP Journal*, July, 1967, p. 217

政策決定に市民が参加する，といったことがなされる。アーンスタインはこの段階以上の市民参加を，市民権力の段階（Degrees of Citizen Power）と呼んでいる。シビックテックはこの市民権力の段階より上の段階にかかわる。

第7段は，権限委譲（Delegated Power）の段階である。たとえば，行政評価指標の設定において住民が評価指標や成果目標を設定したりするような例が考えられる。住民自身に決定権限が委譲されている。予算決定の一部に，市民参加を取り入れている自治体もある。ブラジルのポルトアレグレ市では，市民がインターネット上の投票を通じ，予算総額の4分の1にも相当する金額の使い道を決めている。ニューヨークの一部の区やシカゴでも取り組みは始まっている。いずれも，ICTが発達して加速してきている。シビックテックが予算編成への市民参加を可能にした。

そして，第8段は，市民コントロール（Citizen Control）の段階となる。住民が設定した評価指標に基づいて住民自身の手により評価が実施される，といった場合がここに入る。市民自身が決定し，評価を行う，言い換えれば市民による自主管理と呼べる段階である。村人による明治初期までの村の自主管理に非常に近い。しかし，現代の大規模な自治体では，現実問題として皆が集まって話し合いを行うというのは事実上不可能だ。

これに対して，ITの技術を駆使したシビックテックは誰でも，いつでも参

第5章　市民と行政の関係を変えていく

加できる。しかも，市民が楽しみながら参加できる。

　アーンスタインの言うところの第6段階以上の市民権力の段階にかかわる手段をシビックテックは提供することになる。

5　未来政府

　元サンフランシスコ市長でその後カリフォルニア州副知事となったギャビン・ニューサムの著書『シチズンビル（市民の街）』（邦題は『未来政府——プラットフォーム民主主義』）は，次の文章で始まる。

> 　この本を書いたのは1つの疑問がきっかけだった。ここ数年，私はずっと不思議に思っていたのだ。ツイッターやピンタレスト，フェイスブック，携帯メールなどを介して人間同士の関わりはかつてないほど濃密になったのに，なぜ人と政府との関わりは希薄になったのかと。
> 　毎日，何百万人もの米国人が多大な時間を割いてツイートし，携帯メールを送り，ブログを書き，批評を投稿し，SNSサイトでゲームを楽しんでいる。ところが2011年に米国第2の大都市ロサンゼルスで教育と環境に関する重要な住民投票が行われた際には，時間を見つけて一票を投じたのは有権者のわずか12％だった。おまけに投票率が低いのは特に珍しくもない日常的なことだったので，そのことが注目されたり話題になったりすることもほとんどなかった。
> 　この無関心はどこから来ていたのだろうか。また，事態を改善するために何ができるのだろうか[1]。

　ワインショップの起業を成功させ，35歳の若さでサンフランシスコ市長になった元市長が書いた本ということで，「若き市長の実績集」とか「起業家が市長にのぼりつめるノウハウ」といったような内容を想定していれば，その予想は大きく裏切られる。本書は，起業のメッカであるシリコンバレーからスタ

1） ギャビン・ニューサム『未来政府——プラットフォーム民主主義』（稲継裕昭監訳，町田敦夫訳）東洋経済新報社，2016年，1頁。

ートして世界的な革命を起こしたグーグル，ツイッター，イェルプ，クレイグズリストといった新興企業の創業者やキーパーソンに 1 年半にわたって丁寧にインタビューを重ね，社会と民主主義の未来像を描いた，きわめてビジョナリーな本だ。しかも，全米各地の自治体が IT 技術を活用して展開している取り組みを集めた，最新事例集でもある。

　SNS の活用から各種アプリの開発に始まり，街中での QR コードの利用，ビッグデータの分析や利用，データのオープン化，データのソーシャル化，クラウドファンディング，クラウドソーシング，オープンイノベーションなど，最新ネットビジネスの潮流が本書を読むことで手に取るようにわかるようになっている。サンフランシスコ市長としての失敗談も満載だ。チャレンジし，失敗から学ぶ。

　一つの事例としてクライムスポッティングの例を挙げてみよう。

　サンフランシスコの対岸にある大学町バークリーに行くには，2013 年にリニューアルしたベイブリッジを渡って，オークランド市を通り抜けなければならない。オークランド市は，人口約 42 万人，アメリカで最も人種的に多様な都市の一つであり，また，全米屈指の犯罪多発都市でもある。人口 1000 人あたりの暴力的な犯罪の数は 15 を超え，年間の殺人事件発生件数が 100 前後，強盗が 3000 件を超えている（ちなみに，人口 1350 万人の東京都内の 2015 年の殺人事件認知件数は 102 件，強盗は 399 件だった。日本全体でも強盗事件認知件数は 2426 件である）。アメリカの警察制度は，市単位の警察制度が基本になっており，オークランドでもオークランド市警が治安維持にあたっているが，警察官数は 700 人程度であり，窃盗などの「微細な」犯罪の場合は警察官が駆け付けるにも相当な時間がかかる。車上荒らし程度だと，警察官は来てくれずウェブ上での被害登録だけに終わることもある。

　もちろん，オークランド市内にも高級住宅地をはじめ治安のいい地域もある。しかし，旅行者は当然だが，住民ですら，どの地域や通りが犯罪多発地域なのかは，日々のニュースを見ているだけでは十分には把握できない。普通の強盗事件などは新聞にすら載らない。噂話が飛び交って，住民が不安を抱えている。

　市も「クライムウォッチ」という防犯サイトを 1990 年代後半に作ってはいた。しかし，それは，「自分が何を探しているのかわかっていないと，何も見

第5章　市民と行政の関係を変えていく

つけられないという類のシステムだった」という。

　2006年12月，2週間のクリスマス休暇をとったオークランド市民であるマイク・ミガースキというウェブ会社の社員が，この防犯サイトの貧弱さに呆れ，自分で何とかできないかと考えた。その前年，シカゴ市では，公式の犯罪データとグーグルマップをマッシュアップ（ウェブ上に公開されている情報の加工，編集により新たなサービスを提供すること）し，「ChicagoCrime.org」というサイトが開設されていた。マイクは，同様のシステムをオークランドでもできないかと試みた。しかし，シカゴ市と異なり，オークランド市が公開しているデータは貧弱で一般人にとってはほとんど無価値だったという。マイクはそこから一定のタイプのデータを自動的に引き出す高度なデータ収集ツールを自作した。

　彼が2週間がかりで制作したこのツールは，クライムウォッチにばらまかれた山のような情報の中から有為なデータを丹念に選び出すことに成功した。その後，マイクの家の至近の場所でジャーナリストが射殺されたことから，このプロジェクトに拍車がかかる。彼は，「クライムスポッティング」と銘打ったプロジェクトを押し進め，オークランド市の犯罪データをもとに，使いやすい双方向的なサイトを制作し，過去に犯罪の発生した地点が地図上でわかるようにした。住民は自分の家の近所でいつ犯罪が多いのかを知り，オークランド市警と同等の知識を得るようになった。これまでは，巡回してきた警官から「この近所で事件が続いています」と聞かされるのが通常だったが，クライムスポッティングの存在により，市民が警察に対し，犯罪多発の解決策に関して詰め寄れるようになったという。

　ここでのポイントは，オークランド市が自らクライムスポッティングを作ったわけではなく，市の公開データをもとに，一民間人がツールを作ったという点だ。市の予算は使われていない。市民の税金を使うことなく，市民の安全と安心をもたらすことができているという点だ。市は当初，データ公開をやめようとしたが，市民からの反発があり，その後は，機械判読しやすい形でのデータ提供をするようになったという。市も，市民も，クライムスポッティングも得をするウィン・ウィン・ウィンの関係が構築された[2]。

2）　ニューサム『未来政府』，111〜115頁。

本来市民の持ち物であるはずのデータを，市が市民に公開すれば，そのデータを用いて市民の誰かが ICT を使って課題を解決するという流れがここにはある。

6　自動販売機モデルからの脱出

　政府を自動販売機に例えるのは，政治学者のドナルド・ケトルである。彼は，『なぜ政府は動けないのか』の中で，従来のシステムについて次のように言う。国民・市民が税金を払うことで何らかの行政サービスを政府が与えている，これは，コインを入れたら缶コーラが出てくる自動販売機のようだ。

　ここでは自動販売機のように，政府がブラックボックスになっている。市民がかかわるのは，コインを入れるというインプット＝税金，と缶コーラが出てくるというアウトプット＝行政サービス，という点だけだ。自動販売機の中の仕組みがどうなっているかを購入者はよく知らないが，コインを入れれば，缶コーラが出てくるということは知っている。それで十分だ。同じように，税金を投入すれば行政サービスが受けられるけれど，政府の中がどうなっているか知らない，というモデルを示している。

　　政府の業務の大部分は，自動販売機モデルの枠内で動き続けている。いまでも月々の社会保障給付の計算や支払いの業務はあるし，税の徴収や納税申告の審査もある。ごみ収集や公園の草刈り，史跡の管理，公共交通機関の運営もある。自動販売機モデルは，一九世紀の進歩党から受け継いだ偉大なガバナンス手法であり，階層組織内で比較的ルーティンの業務を行う施策にはまずまずうまく機能することが多い。
　　しかし，……ルーティンでない業務が増え，さらに，階層組織のなかには収まらない政策が増えている。医療から国土安全保障に至るまで，二一世紀の重要な公的問題に取り組む政策……（には）これまでとは異なるガバナンス手法──二〇世紀の大半にわたって政府を形成してきたガバナンスとは全く異なるもの──を必要としている。
　　求められるのは，複雑なネットワークを活用できる政府である[3]。

Civic Tech　121

第5章　市民と行政の関係を変えていく

　自動販売機モデル（何を買うか決め，お金を投入口に入れて，外からは見えない仕組みでお金が処理され内部のレバーが動くのを待ち，出てくるサービスを受け取る。同様に，市民が税を投入すれば公務員が物やサービスを吐き出すというモデル）で対応できる問題とそうでない問題とがある。自動販売機モデルに適合しない公共問題は増加する一方だと，ドナルド・ケトルは指摘する。

　ギャビン・ニューサムは『未来政府』の冒頭で，現代の政府が自動販売機のようになっている惨状を受け止め，それを反面教師として論を進めている。少し長くなるがその部分を引用しよう。

　　公共政策の専門家であるドナルド・ケトルは，2008年の著書『なぜ政府は動けないのか──アメリカの失敗と次世代型政府の構想』の中で，政府とは自動販売機のようなものだと書いている。金を入れれば物やサービスが取りだせるのだと。

　　これはなかなかうまいたとえだ。たしかに米国政府は伝統的にそのように機能してきた。一方，「ウェブ2.0」の提唱者で，オープンソースのソフトウェア開発の先駆者でもあるティム・オライリーは，その発想をもう一歩先に進めた。ニュースサイト「テック・クランチ」に載せた2009年の小論に，彼はこう記している。

　　「とかく私たちは，政府というものを一種の自動販売機のようなものだと考えがちだ。税金を投入し，道路や橋，病院，消防，警察などの行政サービスを取りだす。そして自動販売機から望みのものが出てこないと文句を言う。私たちは市民参加というものを，なぜだか自動販売機を揺さぶることと同一視するようになってしまった。」

　　この比喩は完璧だ。自動販売機を揺さぶること以上にいらだたしい行為があるだろうか。金は戻らず，欲しい〝商品〟も出てこない。どこかをわずかに揺さぶられたとしても，その自動販売機の取扱い商品を決めているのは自分以外の誰かだという大本の事実は変わらない。このプロセスでは徹

3）　ドナルド・ケトル『なぜ政府は動けないのか──アメリカの失敗と次世代型政府の構想』（稲継裕昭監訳，浅尾久美子訳）勁草書房，173〜174頁，強調は原文。

122　Civic Tech

6 自動販売機モデルからの脱出

頭徹尾あなたは無力で，取れる手段といえば怒りといらだちに任せて自動販売機を揺さぶることだけなのだ[4]。

　ここ数年，人々は世界各地で自動販売機を揺さぶってきた。アラブの春，ウォール街占拠運動，ティーパーティーの集会，学費の値上げに抗議する学生たち……。これらは権力者に声を届ける方法が他に見つからないがゆえに自動販売機を揺さぶった人々の一例だ。繁華街の広場に泊まり込み，行進し，抗議し，責任者を怒鳴りつけることぐらいしか政府の注意を引く手だてがないのだとしたら，何かが明らかに壊れている。
　ならば何をするべきか？　予想される答えは「自動販売機を直せ！」だろう。だが，さらに良い答えは「自動販売機など完全に捨ててしまえ」だ。21世紀に対応した政府をつくるには，政府とは何かを根本から再考しなければならない。
　自動販売機の容積は有限だ。限られた数のものしか出し入れできず，操作するには物理的にその近くにいなければならない。パソコンについても同じことが言える。現状ではデータをハードディスクに保存している人が大半だろう。したがって情報にアクセスするには，実際にそのパソコンの前に座っていなければならない[5]。

　それに対して，離れた場所にあるサーバーに情報を保存するのがクラウド・コンピューティングだ。電子メール用の「Ｇメール」，画像管理用の「フリッカー（Flickr）」，ファイル管理用の「グーグルドキュメント」などのサービスを使えば，いつでも，どこでも，どんなデバイスからでも情報にアクセスできる。言うなれば自動車を製造したり整備したりする手間をかけずに，ただ運転だけできるようなものだ。クラウドは必要に応じて利用でき，私たちを空間的な制約から解放する。そして共有したり，交流したり，連絡したりすることを，これまでになく容易にする[6]。

---

4) ニューサム『未来政府』，5〜6頁。
5) ニューサム『未来政府』，6〜7頁。
6) ニューサム『未来政府』，7頁。

Civic Tech

第 5 章　市民と行政の関係を変えていく

図 4　自動販売機から市民政府へ

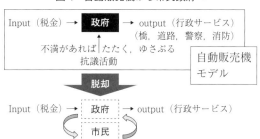

　ギャビン・ニューサムの主張する『未来政府』は，ブラックボックスの中身をオープンにして透明化し，市民自身にもその過程に関わってもらうことを目指している。
　政府をどんどんオープンなものにしていって，プラットフォームにまで広げてしまって，あとは政府（＝プラットフォーム）の構成員である「市民」「一般の人々」に任せて，自律的に政府が運営されるところまで想定することも可能かもしれない。昔，数十戸で構成される村で，村人たちがさまざまな問題を自分たちで解決していたときのように，ICT を駆使すれば，1 万人の街でもそれは可能かもしれない。

7　シビックテック──行政を市民の手に取り戻す手段

　シビックテックは，すでに見たように市民参加の高次のレベルにかかわるものだ。自然村というコミュニティでは可能だった住民同士の話し合いは，近代化，現代化の波の中で行政単位が拡大し，代議制民主主義が進展したことによって，難しくなっていった。しかし，ICT の発達によりそのことはまた，可能になりつつある。
　『未来政府』の中で紹介されているスチュアート・ブラントの次の言葉が印象的である。ブラントは，アップル創業者であるスティーブ・ジョブズなどに影響を与えた『ホール・アース・カタログ』の創刊者だ。

(アップルの共同創業者の) ウォズニアックとジョブズが自分たちの仕事にいそしんでいたのと同じ頃，湾の対岸のバークレーではまだ"市民に権力を！"_{パワー・トゥー・ザ・ピープル}とやっていました。……2人は何も要求せず，何にも抗議しませんでした。その代わり，市民に実際にパワーを与えるものを作ったのです[7]。

　アップルがiPhoneを作ったことにより，世界が変わった。革命が起きた国もある。いま，市民が実際に力を手にし，しかもゲーム感覚で楽しみながら行政の問題に参加し，コミュニティの改善に貢献できるようになっている。これこそ，まさに民主主義といえるのではないか。
　シビックテックは，行政を市民の手に取り戻す手段である。民主主義を本来の姿に戻す。しかもゲーム感覚で，楽しみながら。デモ行進をするのではなく，議会の傍聴席に押しかけて大声でわめくわけでもなく，実際に，自動販売機の中に入り込んで，そして予算編成すら決めることができる。シビックテックは無限の可能性を秘めている。

---

[7] ニューサム『未来政府』，131頁．強調は原文。

第 5 章　市民と行政の関係を変えていく

コラム 8

RESAS を活用しよう

小俣博司

　RESAS（リーサス：地域経済分析システム）(https://resas.go.jp/) とは，地方創生の取り組みや自治体が地方版総合戦略の施策の立案・検証をするときに役立てもらうために，情報やデータの面から支援をするサービスである。
　RESAS は経済産業省が開発を行ってきた「地域経済分析システム」をベースに構築されたもので，経済産業省と内閣官房（まち・ひと・しごと創生本部事務局）から 2015 年（平成 27 年）4 月 21 日にリリースされた。英語表記の Regional Economy (and) Society Analyzing System の頭文字を取ってRESAS（リーサス）と呼ぶ。
　RESAS は一部の民間データを除いてインターネットで一般にも公開されており，情報やデータはマップというグループに分類されたグラフや地図で状況を把握することができるようになっている。
　リリース当初は四つのマップ「人口マップ」「産業マップ」「観光マップ」「自治体比較マップ」が公開され，最新版（2018 年（平成 30 年）2 月現在）は，8 つのマップ「人口マップ」「地域経済循環マップ」「産業構造マップ」

RESAS のトップページ (https://resas.go.jp/)

126　Civic Tech

コラム 8　RESAS を活用しよう

RESAS に表示されるマップ（https://resas.go.jp/population-composition/）

「企業活動マップ」「観光マップ」「まちづくりマップ」「雇用／医療・福祉マップ」「地方財政マップ」として，全部で 81 メニューが公開されている。また閲覧した地図やグラフはダッシュボードという機能で設定した項目を 30 件まで登録することができる。

分類された各マップは以下のような内容となっている。

1. 人口マップ：人口構成や人口増減等の人口に関する情報を地域ごとに把握することが可能となっている。
2. 地域経済循環マップ：地域のお金の流れを，生産／分配／支出別に把握することが可能となっている。
3. 産業構造マップ：産業（製造業，小売・卸売業，農業，林業，水産業）や企業に関する構造や，売上や雇用等を把握することが可能となっている。
4. 企業活動マップ：企業情報や取引，海外取引，研究開発に関することや財務状況等を把握することが可能となっている。
5. 観光マップ：国内や外国人の移動や宿泊，消費の動向を把握することが可能となっている。
6. まちづくりマップ：人の移動や事業所の立地動向，不動産取引の状況を把握することが可能となっている。

Civic Tech　127

7. 雇用／医療・福祉マップ：雇用に関する賃金や求人・求職と，医療・福祉の需給を把握することが可能となっている。
8. 地方財政マップ：自治体の財政状況の把握や自治体間の比較をすることが可能となっている。
さらに詳細な内容を把握したい場合は下記のサイトを参考にするとよい。
RESAS の操作マニュアル（https://resas.go.jp/manual/）
RESAS のデータ出典一覧（https://resas.go.jp/source/）
RESAS データ更新日（https://resas.go.jp/update/）

関連サービスサイト
RESAS では，関連サービスとして下記を提供している。
RESAS オンライン講座（https://e-learning.resas-portal.go.jp/lp/）：RESAS をゼロから学べるオンライン講座（e-ラーニング）を無料で提供している。
RESAS API（https://opendata.resas-portal.go.jp/）：RESAS で提供しているデータをプログラムから取得できる機能を RESAS-API として無料で提供している。
RESAS COMMUNITY（https://community.resas-portal.go.jp/user/top）：RESAS を利用しているユーザーの情報交換としてインターネットのウェブ上の情報交換サイトを提供している。

RESAS 関連サイト
RESAS に関するリンク情報を下記に紹介する。
内閣官房まち・ひと・しごと創生本部の地域経済分析システム（RESAS（リーサス））紹介（https://www.kantei.go.jp/jp/singi/sousei/resas/）
RESAS 関連情報（イベント等，分析事例）（https://resas.go.jp/related-information/）

その他関連サイト
さらに詳細な分析をする場合のために，情報元となる専門サイトを紹介する。
e-Stat（https://www.e-stat.go.jp/）：総務省統計局が整備し独立行政法人統計センターが運用している政府統計のポータルサイト。統計データ等のさまざまなデータが提供されている。
地域経済分析（http://www.meti.go.jp/policy/local_economy/bunnseki/）：

経済産業省地域経済産業グループ地域経済産業調査室が提供しているもので，地域経済分析の考え方やポイントを紹介している。

ミラサポ（https://www.mirasapo.jp/）：中小企業庁委託事業として，中小企業・小規模事業者を対象にした支援情報サイトである。補助金・助成金などの情報提供や中小企業の情報交換を提供している。

地方創生カレッジ（https://chihousousei-college.jp/）：国からの補助を受け，公益財団法人日本生産性本部が運営している，地方創生の知識を学ぶオンライン講座（e-ラーニング）である。講義は基本的には有料であるが当面の間は無料で講座を受けることができる。

労働生産性等の目標検討ツール（http://www.kantei.go.jp/jp/singi/sousei/about/kentou-tool/）：内閣官房のまち・ひと・しごと創生本部が提供している，Excelベースの将来の都道府県内の総生産を検討するためのシミュレーションツールである。

G空間情報センター（https://www.geospatial.jp）：国土交通省，国土地理院等の各府省，民間各社及び各学術機関等からの協力のもとに，一般社団法人社会基盤情報流通推進協議会が運用を行っている，産官学の地理空間情報データを取り扱うプラットフォームである。

データカタログサイト（http://www.data.go.jp/）：内閣官房情報通信技術（IT）総合戦略室が企画・立案し，総務省行政管理局が運用するオープンデータのポータルサイトである。

MY CITY FORECAST（https://mycityforecast.net）：東京大学生産技術研究所関本研究室が開発し一般社団法人社会基盤情報流通推進協議会が運用しているサイトである。簡易なシミュレーションを通して，将来その通りの都市構造になった場合に市民が暮らす環境がどう変わるのか？を14の指標を通して表示している。

第5章 市民と行政の関係を変えていく

コラム9

鯖江市のオープンデータと，市民協働のまちづくり：鯖江市長インタビュー③

稲継裕昭

　鯖江市の牧野百男市長は鯖江市出身で鯖江高校を卒業後1961年に福井県職員となった。県民生活部長や総務部長を歴任して2001年3月に退職し，同年4月から小浜市副市長に就任。2002年12月に同副市長を辞任した後，2003年4月の福井県議会議員選挙に鯖江市選挙区（定数3）から無所属で出馬しトップ当選をして福井県議会議員となった。

　この年から鯖江市では福井市など4市町との合併協議を開始しているが，市民の意見が大きく分かれ調整が難航。当時の市長のリコール運動にまで至り，リコールが成立して市長が失職した。2004年10月に行われた出直し選挙には，市民団体から牧野氏への強い出馬要請があり，最終的に牧野氏は出馬を決断した。前市長との一騎打ちとなったが，牧野氏が当選した（2008年再選，2012年，2016年は無投票により3選，4選を果たしている）。

　県議会議員として活躍をはじめた矢先にリコールのドタバタに巻き込まれる形で県議から市長となった牧野市長。2004年の市長就任後，すぐに市民協働のまちづくりをはじめた。それが，オープンデータの下地にもなっているとも考えられる。牧野市長の「市民協働のまちづくり」という考えがどこから来たのかについて聞いた（2017年9月25日，鯖江市にてインタビュー）。

牧野　（合併の是非に関して）2年半近くまちが真っ二つに割れてました。合併反対，合併賛成。どういう方向を選ぶかということで。当時は行政の本来の仕事というのは，ほとんどおろそかでした。もうまさに停滞していたと思います。
　一番最初に私に市長選挙に出てくれないかという話があったときに，私は県会議員になってから1年半しかたっていませんでした。私自身はもともと市長選に出る気もなかったんです。県庁生活がずっとだったものですから，県会議員がいろんな仕事ができることがわかっていましたし県全体のことが見てとれるし。そんなんでやはり（県会議員を）続けたかったですね。
　だけども地元のいろんな各界各層からのご意見を聞いていると，やはり生

コラム 9　鯖江市のオープンデータと，市民協働のまちづくり：鯖江市長インタビュー③

まれたまちだし，何とかしたいなという気持ちがだんだん芽生えてきて。実際いろんな人の話を聞くとやはりこの二分されたまちを何とか一つにしてくれというのが一番大きな声でした。
　それで，私は「融和と協働」という中で選挙を戦いました。
　そのときにやはり市民の意見をとにかく聞いていきたい。民主主義の原点は直接民主主義であるとつねづね思っていましたし，市民の声をいかに反映させるか。市民が一番力ありますからね。そして，市民にどうやって行政の舞台で活躍してもらうのか，土壌づくりは行政がやればいいんですから。そういうようなことをつねづね考えてたんです。
　やはりリコールの後の選挙のときですよね。何とか融和と協働で鯖江市民の向かう方向を一本にしたい。そのためには何をするかっていうことで市民主役事業というのを作って市民が市政の舞台でも主役となって活躍できる，その「居場所と出番」づくりといいますかね。そういったものを行政が作れないかと考えていました。
　で，そうこうしているうちにオープンデータの話があって。これは，寝ている行政情報を活用するわけですから，ものすごい魅力を感じて，これに取り組んだというのが大きかったですね。今日のこの鯖江があるのは市民主役事業をやって，その情報共有のためにオープンデータに取り組んだのが一つの大きなきっかけだったと思いますね。なんかすべてのまちづくりに通じてるような感じがします。

稲継　オープンデータの話にちょっとさかのぼるんですけど，2010 年 3 月 26 日に市民主役条例が施行されてるんですね。第 10 条で市民と行政の情報共有というのがあるんですが，オープンデータの話はその年の 12 月に（一色さんや福野さんに）持ち掛けられたとおうかがいしました。だからその話が持ち掛けられる前に，すでに条例に「市民と行政の情報共有」という文言が入ってるのを見て，あ，なんかすごくもう予測しておられたのかなとか思ったんです。

牧野　福野さんにしても田辺さんにしても斉藤さんにしても，市民と行政の情報共有の大切さを以前から力説されていました。そのことで，市民との双方向でのやり取りを進められました。斉藤秀夫さんが「市長，ブログぐらい書かないと駄目」とか，なんかそんな話がいっぱい出たんです（IT 社長との意見交換会。2006 年 4 月 28 日）。それで私は 2006 年 5 月 1 日からブログを書き始めたんです。それまで私は全くやり方を知らなくてね。それでもブログを始めたんですけど，これが非常に良かった。

ブログをやっていると，いろいろと双方向で瞬時にいろんな意見交換ができます。あの頃はまだブログとツイッターぐらいでしたが，それでも情報共有ができて，アンテナは私が一番高かったですね。そのうちだんだん楽しむようにもなりますしね。それでずっとやってみると市民主役事業というのはやっぱり一番は情報共有だと思いますね。それで 10 条にああいう書き方をしたんですね。
　そして，市民提案で作った条例でしょう。市民もみんなそう思ってたんですね。私との情報共有というのが非常に皆さんに周知徹底されまして。やっぱり原点でしょうね。

・・・・・・・・・・・・・・・・・

　市民と政府の距離は次第に遠くなっていった。自然村をもとにした明治初期の村は平均人口 500 人，それが合併を繰り返し，現在では数万人以上の規模の自治体が当たり前だ。人口 7 万人の鯖江市でも同様だ。合併を選択していればさらに規模が大きくなっていた。市民と自治体の距離を近づけるために地方議会議員が意見をくみ上げることになっているが，それも数千人に一人というレベルだ。何とか市民が政府に近づこうとする試みは数十年来なされてきたが，それは反政府の市民運動になっていったり，リコール運動になっていったりと，本来の形ではなかった。市民と政府とを近づける大きな役割を果たすのが過去十数年の ICT 技術の飛躍的な進歩と，市民一人ひとりへのスマホの普及だ。シビックテックはこれをうまく利用し，市民と政府を近づけることに一役買っている。市民が抱える課題について ICT を使って解決する。そのためには，政府と市民が協働して課題を認識し，政府は自らが保有する（しかし本来は市民のものである）データをオープンデータとして公開する。
　牧野市長の言葉の中に，「市民にどうやって行政の舞台で活躍してもらうのか，土壌づくりは行政がやればいいんですから」というのがあった。これはまさに，この本で主張してきた「行政はプラット・フォームたれ」という考え方と一致する。行政は，（市民の税金で集めた）公的データを，本来市民のものであるデータとして，利活用しやすい形でオープンデータとして提供できなければならない。その利活用は市民や民間に任せればよい。市民が主役となってデータを活用して市政に参画してもらえればよい。牧野市長の発想にはそのような先進的な考えが底流にある。

● ビギナーのための用語解説 ●

Brigade（ブリゲイド）　Code for Japanが提供する連携プログラムに参加している全国各地のシビックテックコミュニティのことを一般的には指す。もともとはCode for America（コード・フォー・アメリカ）のBrigadeにならっており，消防団をイメージしている。

Code for 〜（コード・フォー 〜）　シビックテックコミュニティの名称としてよく利用され，最後に地域名やプロジェクト名が入る。たとえば，Code for KanazawaやCode for Cat。Codeとはプログラムのことを意味する。

GitHub（ギットハブ）　プログラムやドキュメントのバージョン管理を行うことができる分散型ネットサービス。複数人が一つのプログラムを共同で作ることもでき，世界中の人たちがインターネット上でたくさんのソフトウェアを開発している。

GPL　「General Public Licence」の略で，ソフトウェアの利用許諾条件などを定めたライセンスの一つ。主にフリーソフトウェア（自由なソフトウェア）の開発・配布のために用いられるもので，コピーレフトを実現する内容となっている。

ICT　ICTとは「Information and Communication Technology」の略で，情報処理や通信に関する技術やサービスのことで情報通信技術とも言われている。IT（Information Technology）＝情報技術と明確に区別されているわけではないが，ITは基礎的部分として，ITを使った情報関連サービスや社会的なものまでを含めてICTと呼ぶこともある。

IoT　IoTとは「Internet of Things」の略で「モノ」のインターネットと言われている。これはセンサーやデバイスといった身の回りにあるモノがインターネットに接続され相互通信することで，さまざまな計測や制御が遠隔で可能になる仕組みである。

ビギナーのための用語解説

NPO 「Nonprofit Organization」または「Not-for-Profit Organization」の略で，広義では非営利団体のこと。狭義では，非営利での社会貢献活動や慈善活動を行う市民団体のこと。

RESAS（リーサス） RESAS（リーサス：地域経済分析システム）は「Regional Economy (and) Society Analyzing System」の略で，自治体が政策立案・検証をする時に役立ててもらうためのサービス。内閣府のまち・ひと・しごと創生本部が運用している。

アイデアソン 「アイデア (idea)」と「マラソン (Marathon)」を組み合わせた造語であり，さまざまな分野の人々が，特定のテーマについてグループになってディスカッションし，1日などの短時間で新しいアイデアを生み出すためのイベント。

アジャイル開発 仕様や設計の変更があるという前提の開発で，初めから厳密な仕様は決めず，おおよその仕様だけで短期間での開発を開始し，小単位での「実装→テスト実行」を繰り返し，徐々に開発を進めていく手法。

エコシステム エコシステム (ecosystem) は動植物の食物連鎖等の生態系循環のことを指すのが一般的であるが，これをビジネス分野に置き換えて，仕事の依存関係・分業・収益構造，あるいは多数の企業やプレイヤーが得意分野の技術やノウハウを持ち寄って単独で行うよりも事業を発展させることをいう。ビジネス・エコシステム（事業生態系）と表現することもある。

オープン・バイ・デフォルト 個人情報や安全保障に関わること以外の情報はすべて公開を原則として営利利用も認めるという方針のこと。2013年6月のG8サミット（主要国首脳会議）でオープンデータ憲章が制定されたが，その中でも方針として示された。

オープンガバメント 透明性が高くオープンな政府を実現するための政策とその背景となる概念のこと。透明性，市民参加，政府内および官民の連携の三つを基本原則とし，米国ではオバマ大統領が就任直後にいち早く表明した。

オープンソース ソフトウェアのソースコードが一般に公開され，利用者の目的を問わずソースコードの利用，修正，再頒布が可能なソフトウェアの総称。商用・非商用は問わない。

オープンデータ すべての人が二次利用・再配布できるような形で入手でき

るデータのこと。データがオープンになることにより、行政の透明化と効率化、市民協働の促進、ビジネスの活性化が期待されている。

協働　複数の主体が、何らかの目標を共有し、ともに力を合わせて活動すること。近年、まちづくりにおいて必要不可欠な概念と言われている。とくに、地域の課題解決には市民と行政などが力を合わせる市民協働という形がとられている。

コピーレフト　「著作権を保持したまま、二次的著作物も含めて、すべての者が著作物を利用・再配布・改変できなければならないという考え方」（wikipedia より）。コピーライト（いわゆる著作権）の反対語として提唱された。

シビックテック　市民主体で自らの望む社会を創りあげるための活動とそのためのテクノロジーのこと。その一つとして、地域や社会の課題解決が含まれる。また、この活動の実現のために政府や自治体自身の変革を促す場合もあるが、それは GovTech と呼ばれることもある。

シビックテック・プロジェクト・プランニング・キャンバス　ビジネス（事業の利益を生み出すこと）を考えるために必要な要素を九つに分類し一枚の用紙に可視化したビジネスモデルキャンバス（Business Model Canvas）というツールをシビックテック向けに応用したもの。

市民参加の8段階　米国の社会学者シェリー・アーンスタインが提唱した市民参加のレベルを示す指標。彼女は「住民の参加とは、住民に対して目標を達成できる権力を与えること」と定義した。

スマートシティ2.0　ユーザー不在で ICT 技術の社会実証や実装が進み失敗に至ったスマートシティ 1.0 に対して、ユーザーが主体となって取り組まれ機能した事例がスマートシティ 2.0 と呼ばれている。

ソースコード　プログラミング言語で書かれたテキストのこと。これがコンピュータプログラムに変換されることになる。コードとはプログラムを指す言葉で、「源泉の」という意味にあたるソースをつけて、プログラムの元になるものという言葉になっている。

データシティ鯖江　鯖江市は、ホームページで公開する情報を多方面で利用できる XML、RDF で積極的に公開することを目指しており、これを「デー

タシティ鯖江」と称している。

- **デザインシンキング**　デザインを行う過程で用いる特有の思考法の一つ。対象となる事物を観察し理解を進めて，プロトタイプを作りながら改良を進めていく。シビックテックにおいてもこの思考法を利用できる。
- **ハッカソン**　「ハック（Hack）」と「マラソン（Marathon）」を組み合わせた造語であり，特定のテーマやアイデアに従い，1日などの短期間に集中してサービスやアプリケーションのプロトタイプを開発するイベント。
- **プラットフォーム**　サービスや商品を提供するための「場」のこと。Amazonなどが代表例。シビックテックにおいては政府がサービスを一つ一つ作るのではなく，市民や企業に対してサービスを創りやすい・提供しやすい場だけを用意するという意味で使われる。
- **フリーソフトウェア**　フリーソフトウェア財団（FSF）が提唱する自由なソフトウェアのこと。フリーは無料という意味ではなく，自由に利用（実行，コピー，配布，研究，変更，改良など）できるという意味である。自由を表すフランス語を用いて「リブレソフトウェア」と呼ぶこともある。
- **プロトタイプ**　プロトタイプ（prototype）とは動作や機能を検証するために必要最小限の工数や金額で試作された検証用の試作品である。性能や実際の使い勝手などの机上ではわからないことを実際の動作で検証することで，使い勝手の向上と開発コストの削減，開発の手戻り等を最小限に抑えることを目的としたものである。

● 役立つウェブサイト案内 ●

シビックテック団体

CivicTech of Japan Map（http://bit.ly/2qeiik8）　日本のシビックテック団体一覧の地図。

Code for Africa（https://codeforafrica.org/）　アフリカ全体のシビックテック団体。

Code for All（https://codeforall.org/）　世界レベルのシビックテックのコミュニティ。

Code for America（https://www.codeforamerica.org/）　アメリカのシビックテック団体。

Code for Boston（http://www.codeforboston.org/）　アメリカのボストンにあるシビックテック団体。

Code for Germany（https://codefor.de/）　ドイツのシビックテック団体。

Code for Japan（https://www.code4japan.org/）　日本のシビックテック団体。

Code for Kanazawa（http://codeforkanazawa.org/）　石川県の団体であり，日本ではじめての Codefor 団体。

Code for Philly（https://codeforphilly.org/）　アメリカのフィラデルフィアにあるシビックテック団体。

Code for Sapporo（http://www.codeforsapporo.org/）　北海道札幌市のシビックテック団体。

Code for xxx（https://www.code4japan.org/brigade/）　日本の Code for 系のシビックテック団体。

オープンストリートマップ・ジャパン（https://openstreetmap.jp/）　オープ

ンストリートマップの日本コミュニティ。

オープン・ナレッジ・ジャパン（OKJP）（http://okfn.jp/） 世界的にオープンデータの活用支援をしている団体 Open Knowledge International の日本の公式 chapter（支部）。

シビックテックで開発されたサービス

Adopt-a-Hydrant（http://www.adoptahydrant.org/） ボストンで作られた消火栓の除雪を促すサービス。

5374.jp（http://5374.jp/）「いつ，どのゴミが収集されているのか」を把握するアプリ。

さっぽろ保育園マップ（http://papamama.codeforsapporo.org/） Code for Sapporo によって作られた保育園情報サービス。

除雪車位置情報把握システム（http://www.thedesignium.com/development/10288） オープンなツールを利用して作られた除雪車の位置情報を把握するシステム。

台風リアルタイム・ウォッチャー（http://typhoon.mapping.jp） Mashup Awards 11 シビックテック部門賞作品で，ソーシャルメディアの災害情報と，トップダウンの台風情報をバーチャル地球儀「Google Earth」にマッシュアップしたサービス。

Textizen（https://www.textizen.com/） 市民の声を効率的に集めるためにフィラデルフィアで作られ，アメリカで拡がっているサービス。

にしてつバスナビ（旧バスをさがす福岡）（http://www.nishitetsu.jp/bus/app/busnavi/） Mashup Awards 9 シビックテック部門賞作品で，福岡市のバス情報アプリ。

のとノットアローン（http://noto.not-alone.jp/） 石川県の奥能登地方（輪島市，珠洲市，能登町，穴水町）の子育て応援アプリ。

福岡市 PM2.5 ダイヤル（http://www.city.fukuoka.lg.jp/kankyo/k-hozen/life/kankyohozen/PM25dial.html） ホームページで公開している情報を，電話の自動応答によって確認することができるサービス。

ソフトやサービスの開発に役立つサイト

CivicWave（http://www.civicwave.jp/）　シビックテックのブログメディア。

e-Stat（https://www.e-stat.go.jp/）　日本の統計が閲覧できる政府統計ポータルサイト。

GENERAL PUBLIC LICENSE（GPL）（https://www.gnu.org/licenses/gpl.html）　フリーソフトウェア財団が作ったソフトウェアの利用許諾条件などを定めたライセンスの一つ。

GTFS（General Transit Feed Specification）（https://developers.google.com/transit/?hl=ja）　Google 社がベースを作成し，海外で広く利用されている公共交通機関に関するデータの定義。

G 空間情報センター（https://www.geospatial.jp/）　地理空間情報活用推進基本計画に基づき設立された，地理空間情報データの流通ポータルサイト。

オープンデータ 100（https://cio.go.jp/opendata100）　事業者や自治体等によるオープンデータの利活用事例。

共通語彙基盤（https://imi.go.jp/goi/）　経済産業省と独立行政法人情報処理推進機構が，データのさまざまな統一情報を掲載しているサイト。

クリエイティブ・コモンズ・ライセンス（https://creativecommons.jp/）　著作物の再利用の促進を目的にさまざまなレベルで定義されたライセンス。オープンデータとしてこのライセンスに準拠するものは多数ある。

国土数値情報（http://nlftp.mlit.go.jp/ksj/）　国土交通省による国土に関するさまざまな情報を整備，数値化したデータのダウンロードサイト。

国立国会図書館インターネット資料収集保存事業（http://warp.da.ndl.go.jp/）　国立国会図書館が行っている，国，行政，大学，企業等のウェブサイトを定期的に収集しているサイト。

国立国会図書館デジタルコレクション（http://dl.ndl.go.jp/）　国立国会図書館が公開しているデジタルコレクション。

政府 CIO ポータル（https://cio.go.jp/）　政府 CIO によるサイト。オープンデータに関する決定文書や各種資料等について掲載されている。

地理院地図（https://maps.gsi.go.jp/）　国土地理院が捉えた日本の国土の様子

を発信するウェブ地図。

データカタログサイト（http://www.data.go.jp/）　内閣官房情報通信技術（IT）総合戦略室によるオープンデータ情報ポータルサイト。

ひなた GIS（https://hgis.pref.miyazaki.lg.jp/hinata/）　地域のさまざまなデータを地図上に重ね合わせることができるシステム。

標準的なバス情報フォーマット（http://www.mlit.go.jp/sogoseisaku/transport/sosei_transport_tk_000067.html）　海外で広く利用されている GTFS（General Transit Feed Specification）を基本に日本で必要となる項目を追加し定義したもの。

法人インフォ（https://hojin-info.go.jp/）　法人番号や法人名等の企業情報が検索できるサイト。

シビックテック関連イベント

CIVIC TECH FORUM（http://civictechforum.jp/）（http://2018.civictechforum.jp/）　毎年東京で行われているシビックテックの未来につなげるための一般参加型イベント。

CODE for JAPAN SUMMIT（https://summit2017.code4japan.org/）　毎年一般社団法人コード・フォー・ジャパン（Code for Japan〔CFJ〕）が主催しているシビックテックのイベント。

Chi Hack Night（https://chihacknight.org/）　アメリカのシカゴで毎週定期的に開催されているイベント。シビックテックについての共有，学習等を行っている。

CivicWave：オンライン井戸端会議（https://peatix.com/user/1323923?lang=ja）　CivicWave が開催している，インターネット上のオンライン会議でシビックテックに関心がある人たちが気軽に世間話や議論をするイベント。

Code for Japan 井戸端会議（http://qiita.com/8800/items/aba02b3e031407889223）　一般社団法人コード・フォー・ジャパンが以前，東京近郊で毎週開催していた雑談をするイベント。

Code for Kanazawa Civic Hack Night（https://cfk.connpass.com/event/）　石川県金沢市の一般社団法人コード・フォー・カナザワが定期的に開催して

いるシビック・ハック・ナイト。

CoderDojo Japan（https://coderdojo.jp/）　子どものための非営利なプログラミング道場である。2011 年にアイルランドで始まり，世界で 85 カ国，1600 の道場，日本では全国に 134 以上の道場がある（2018 年 4 月 19 日現在）。CoderDojo Japan は日本国内の「CoderDojo」を支援している。

LOD チャレンジ（http://2017.lodc.jp/）　オープンデータを含む幅広いデータの利活用と作成等の取り組みを表彰するコンテスト。

Mashup Awards（http://we-are-ma.jp/）　2006 年から開催され，2017 年で 12 年目，13 回目を迎えた日本最大級の開発コンテスト。

アーバンデータチャレンジ（http://urbandata-challenge.jp/）　地域課題の解決を目的に，おもに地域のキーパーソンを中心とする公共データを活用した年間のイベント開催を伴う一般参加型コンテスト。

インターナショナル・オープンデータ・デイ（http://odd.okfn.jp/）　オープンデータに関するイベントを世界中の都市で同日開催する年一回のお祭り。

ウィキペディアタウン（https://ja.wikipedia.org/wiki/プロジェクト:アウトリーチ/ウィキペディアタウン）　地域や街をテーマに，地域の情報を調べ，歴史的文化財や観光名所等の地域の情報を「ウィキペデイア」に執筆するワークショップ。

オープンカフェ会津（http://aizu.io/event/）　福島県会津若松市の CODE for AIZU（行動 for 会津）が開催しているイベント。

オープンストリートマップ・マッピングパーティ（https://openstreetmap.jp/eventlist）　地域や絞り込んだテーマで，誰でも自由に地図を作成することができるオープンストリートマップを使ってオンライン上に地図を作成するワークショップ。

カマコンバレー定例会（http://kamacon.com/schedule/category/定例会/）　カマコンバレーが主催している，神奈川県鎌倉市に興味がある法人や個人が定期的に開催しているイベント。

シビックテック・カフェ@水戸（https://codeforibaraki.connpass.com/event/）　身の回りの課題やシビックテックに関してよろず話をする場所として，Code for Ibaraki が開催しているイベント。

役立つウェブサイト案内

シビックパワーバトル（https://www.civicpowerbattle.org/） オープンデータを活用した地域の魅力発信を目的としたイベント。

チャレンジ!!オープンガバナンス（http://park.itc.u-tokyo.ac.jp/padit/cog2017/） 自治体と市民が協働でデータを活用して課題解決に取り組むアイデアコンテスト。

もくもく会 何かしらのテーマや目的のある人同士が集まって同じ場所で各自がもくもくと作業する会。オープン川崎（https://openkawasaki.connpass.com/event/）も定期的に開催している。

イベントに役立つツール

GitHub（https://github.com/） プログラムやドキュメントのバージョン管理を行うことができる分散型ネットサービス。

HackMD（https://hackmd.io/） Markdownでナレッジを蓄積・共有できるベストツール。

Mapillary（https://www.mapillary.com/） 位置情報付の写真を共有するサービス。

Sli.do（https://www.sli.do/） イベント会場等で，参加者からの質問を集められるサービス。

オープンストリートマップ（https://www.openstreetmap.org/） オープンでフリーな地図データを市民の手で共同制作するプロジェクト。

ローカルウィキ（https://ja.localwiki.org/） 地域の情報を誰でも自由に書き込むことができるツール。

その他

デザイニウム（http://www.thedesignium.com/） 福島県会津若松市にあるIT会社。

フリーソフトウェア財団（FSF）（https://www.fsf.org/） フリーソフトウェア運動を推し進める非営利団体。

ベル研究所（http://www.bell-labs.com/） 通信技術をはじめとしてさまざまな革新的技術（UNIXやC言語，TDMAなど）を発明したアメリカの民間

研究所。

みらい子育てネット（http://www.hahaoya-club.ne.jp/）「まちの子はみんなわが子」を合い言葉に，子どもたちの健全育成を願って，地域ぐるみでボランティア活動をする組織。

● 執筆者紹介 ●

稲継 裕昭（いなつぐ ひろあき）〔編著者，はしがき，第5章を担当〕
京都大学法学部を卒業，同大学大学院で博士（法学）を取得．大阪市立大学教授，同大学法学部長などを経て，2007年より早稲田大学政治経済学術院教授．専門は政治学，行政学，地方自治論．著書に『自治体ガバナンス』（放送大学教育振興会），『地方自治入門』（有斐閣），『人事・給与と地方自治』（東洋経済新報社），『自治体行政の領域』（編著，ぎょうせい），『震災後の自治体ガバナンス』（共編，東洋経済新報社），『行政ビジネス』（共著，東洋経済新報社），など多数．また訳書にヤン＝エリック・レーン『テキストブック政府経営論』（勁草書房），監訳書にギャビン・ニューサム『未来政府』（東洋経済新報社），ドナルド・ケトル『なぜ政府は動けないのか』（勁草書房）などがある．

鈴木 まなみ（すずき まなみ）〔第1章1節を担当〕
慶應義塾大学商学部を卒業後，株式会社マピオンや株式会社駅探でサービス企画や事業開発を担当．現在はフリーランスで活動し，二歩先の未来について考える「TheWave 湯川塾」の事務局や，日本最大級の開発コンテストである Mashup Awards を運営する一般社団法人 MA の理事などを務める．また，シビックテックメディア「CivicWave」主宰者，CIVIC TECH FORUM 運営委員でもあり，本の執筆やブログなど，ライターの仕事も行っている．主著は『位置情報ビジネス報告書2016』（共著，インプレス），『O2O ビジネス調査報告書 2013』（共著，インプレスR＆D）など．

福島 健一郎（ふくしま けんいちろう）〔第1章2・3節，第3章を担当〕
1971年生まれ．北陸先端科学技術大学院大学情報科学科博士前期課程修了．大手ベンダー系ソフトウェア会社で研究業務についた後，独立して 2011 年にアイパブリッシング株式会社を創業，スマートフォンアプリの企画開発を手がける．その後 2013 年に国内初のシビックテックコミュニティである Code for Kanazawa を仲間とともに設立，本書第1章で述べた 5374.jp を開発する．現在はアイパブリッシング代表取締役，一般社団法人コード・フォー・カナザワ代表理事，一般社団法人学術資源リポジトリ協議会理事などを務める．主著は『スマートフォン＆タブレットアプリ開発会社年鑑 2015』（共著，マイナビ），『スマートフォン＆タブレットアプリ開発会社年鑑 2014』（共著，マイナビ）など．

小俣 博司（おまた ひろし）〔第2章を担当〕
1963年生まれ．日本工学院専門学校メカトロニクス科を卒業．NC 制御，組み込み系ソフトウェア，デジタル信号処理からエンタープライズサービスまで長年にわたり幅広くソフトウェア開発を経験．本書でも述べた福井県鯖江市のオープンデータの取組を支援し，その後 Code for Japan のフェローとして福島県浪江町役場に勤務，Android タブレット事業に従事する．現在は東京大学生産技術研究所特任研究員として研究に従事しながら，シビックテックやオープンデータ／オープンガバメントの普及に向けて精力的に活動している．オープン川崎／Code for Kawasaki 主宰，アーバンデータチャレンジ事務局なども務める．

藤井 靖史（ふじい やすし）〔第4章を担当〕

1977年生まれ。グロービス経営大学院を修了（経営学修士）。日立電子サービス，アップルコンピュータ，Cellgraphicsと渡り歩き，仙台にて株式会社ピンポンプロダクションズを設立して代表取締役に就任するが，2012年にKLab株式会社とのM＆Aを行い，イグジット。現在は会津大学産学イノベーションセンター准教授。また，CODE for AIZUファウンダー，内閣官房情報通信技術総合戦略室オープンデータ伝道師，総務省地域情報化アドバイザーなども務める。

シビックテック
ICTを使って地域課題を自分たちで解決する

2018年7月20日　第1版第1刷発行

編著者　稲継裕昭
著　者　鈴木まなみ
　　　　福島健一郎
　　　　小俣博司
　　　　藤井靖史

発行所　株式会社　勁草書房
112-0005 東京都文京区水道2-1-1　振替 00150-2-175253
　（編集）電話 03-3815-5277／FAX 03-3814-6968
　（営業）電話 03-3814-6861／FAX 03-3814-6854
本文組版 プログレス・港北出版印刷・中永製本

©INATSUGU Hiroaki　2018

ISBN978-4-326-30269-7　Printed in Japan

JCOPY〈(社)出版者著作権管理機構 委託出版物〉
本書の無断複写は著作権法上での例外を除き禁じられています。
複写される場合は、そのつど事前に、(社)出版者著作権管理機構
（電話 03-3513-6969, FAX 03-3513-6979, e-mail: info@jcopy.or.jp）
の許諾を得てください。

＊落丁本・乱丁本はお取替いたします。

http://www.keisoshobo.co.jp

―――― 勁草書房の本 ――――

なぜ政府は動けないのか
アメリカの失敗と次世代型政府の構想
ドナルド・ケトル　稲継裕昭 監訳

ハリケーン・カトリーナの災害にうまく対応できなかったアメリカ。硬直的な政府をどう改革すべきか？　　　　2900円

テキストブック政府経営論
ヤン゠エリック・レーン　稲継裕昭 訳

政府はどうやって国民にサービスを提供しているのか？　「経営」の観点から政府の働きを理論的に概観する新たな教科書！　2700円

官僚はなぜ規制したがるのか
レッド・テープの理由と実態
ハーバート・カウフマン　今村都南雄 訳

「お役所仕事」が煩わしい原因は私達にある？　「岩盤規制を打ち破れ」と言う前に読んでおきたい古典的名著！　　　3300円

ICT実務のためのインターネット政策論の基礎知識
テクノロジー・ユーザー・ビジネスにより進化し続けるネットワーク
クリストファー・ユー　波多江崇・小竹有馬 訳

変化し続けるインターネットの世界。これからのICTの変化に必要な政策論を先駆者・米国の実例をもとに学ぶ入門書。　2800円

表示価格は2018年7月現在。
消費税は含まれておりません。